Studies in
Honor of
María A. Salgado

Juan de la Cuesta
Hispanic Monographs

Series: *Homenajes*, Nº 10

EDITOR
Thomas A. Lathrop

EDITORIAL BOARD
Samuel G. Armistead
University of California, Davis

Alan Deyermond
*Queen Mary College
of The University of London*

Manuel Durán
Yale University

Daniel Eisenberg
Florida State University

John E. Keller
University of Kentucky

Robert Lott
University of Illinois

José A. Madrigal
Auburn University

James A. Parr
University of California, Riverside

Julio Rodríguez Puértolas
Universidad Autónoma de Madrid

Ángel Valbuena Briones
University of Delaware

ASSOCIATE EDITOR
James K. Saddler

Studies in Honor of María A. Salgado

Edited by

MILLICENT A. BOLDEN
University of Delaware

and

LUIS A. JIMÉNEZ
Florida Southern College

Juan de la Cuesta
Newark, Delaware

Copyright © 1995 by Juan de la Cuesta—Hispanic Monographs
270 Indian Road
Newark, Delaware 19711
(302) 453-8695
Fax: (302) 453-8601

MANUFACTURED IN THE UNITED STATES OF AMERICA

ISBN: 0-936388-67-6

Table of Contents

INTRODUCTION 9

FOREWORD 15

Curriculum Vitæ—MARÍA A. SALGADO 19

Voces y silencios, y sus vínculos con el poder
en la Autobiografía de Juan Francisco Manzano
    LUIS JIMÉNEZ 31

En torno a la focalización en un hipotexto de
Nelson Estupiñán Bass
    MILLICENT BOLDEN 47

Il passaggio: An Autobiographical Novel
by Sibilla Aleramo
    ANNA GRIMALDI MOROSOFF 61

The Subversive Function of the Domestic Vignette
in the Works of Latin American Women Poets
    ORALIA PREBLE-NIEMI 81

Magic Feminism and Inverted Masculine Myths
in Rosario Ferré's *The Youngest Doll*
    PATRICIA HART 97

O drama histórico brasileiro na década de oitenta
    SEVERINO J. ALBUQUERQUE 109

Poesía y nación: Hojas al viento y la crítica coetánea
    OSCAR MONTERO 119

La intención unificadora de Miguel Barnet en *La vida real*
    ANA GARCIA CHICHESTER 137

La narrativa reversible de Julio Cortázar
    CLARA ROMÁN-ODIO 165

TABULA GRATULATORIA 179

Introduction

THE NINE ARTICLES included in this collection reflect various themes, genres, and languages. Marginalization, artistic innovation, and the fantastic; autobiography, fiction, poetry, and drama; Spanish, Portuguese, and Italian, each of these studies in its own way shares a common thematic substratum. The works herein explored in one form or another challenge some established or official order.

The questioning of marginalization is a constant in five articles: "El uso de la focalización en *Cuando los guayacanes florecían* de Nelson Estupiñán Bass" by Millicent A. Bolden of the University of Delaware; "*Il passaggio*: An Autobiographical Novel by Sibilla Aleramo" by Anna Grimaldi Morosoff of the University of Columbia-Missouri; "Magic Feminism and Inverted Masculine Myths in Rosario Ferré's *The Youngest Doll*" by Patricia Hart of Purdue University; "Voces y silencios y sus vínculos con el poder en la *Autobiografía* de Juan Franciso Manzano" by Luis A. Jiménez of Florida Southern College; and "The Subversive Function of the Domestic Vignette in the Works of Latin American Women Poets" by Oralia Preble-Niemi of Piedmont College. In these articles the theme of marginalization centers on two groups: individuals of African descent (Bolden and Jiménez) and women (Morosoff, Hart, and Preble-Niemi). Hence the structures that have justified and continue to justify racism and sexism are challenged.

In Luis A. Jiménez's linguistic study of the autobiography of the Cuban slave Juan Manzano, one sees a condemnation of slavery and racism in 19th century Cuba from the perspective of one of the disenfranchised. Jiménez maintains that both words and silences are key to the critique of the social injustice inherent in both slavery and racism. As one of the powerless, what Manzano does not say is as important as what he does say. The silences also reflect the marginalization and impotence of the enslaved, since language is power and the province of the slavemasters.

Analyzing Nelson Estupiñán Bass's use of focalization in a chapter of his novel *Cuando los guayacanes florecían* (1954),

Millicent A. Bolden discusses the themes of racism and marginalization in early twentieth century Ecuador. Through the perceptions of the character Ercilio Sánchez, Estupiñán Bass predisposes the reader to sympathize with the oppressed. As readers follow the thoughts and memories of this character which oscillate from childhood to adulthood, they are able to see how an unjust and racist socioeconomic system converts the marginalized into dehumanized criminals who must break the law or die. After an initial discussion of the concept of focalization, the critic presents a detailed study of the fifth chapter of the novel, "En todas partes es lo mesmo," and demonstrates how it structurally, technically, and thematically mirrors the novel as a whole.

If obliquely or overtly criticizing an oppressive, dehumanizing system is subversion; and if subversion of such an established structure is a movement towards liberation from it, Italian author Sibilla Aleramo has gone a step further. In her study, Anna Grimaldi Morosoff suggests that while the tension between male and female remain in Aleramo's work, and the injustices and inequalities of patriarchal society still dominate, the focus of the protagonist is not destruction or condemnation, but a search for wholeness and love, for fulfillment as a human being. Sibilla as protagonist finds that art or writing is the only means of truly attaining these goals. In her discussion of the principal themes of the novel—love, silence, solitude, courage, and life and art—Morosoff explores their interconnectedness and illustrates how they lead the protagonist to the revelation of the life-affirming power and solace of art.

According to Oralia Preble-Niemi, the motif of home and hearth in the works of Latin American women writers has always called into question the restrictive social roles and oppression of women. Indeed, Preble-Niemi maintains that, over time, this questioning has become increasingly direct. While the critic focuses primarily on women poets of the 19th and 20th centuries, she prefaces her study with a brief analysis of the famous "Respuesta de la poetisa a la muy ilustre Sor Filotea de la Cruz" by seventeenth century Mexican poet and dramatist, Sor Juana Inés de la Cruz. Like later women writers would do in poetry, in this autobiographical prose piece, Sor Juana skillfully manipulates elements of the domestic realm to which women were largely circumscribed, demonstrating her prowess in the intellectual sphere which men jealously guarded as their exclusive domain. The subversion ranges from a subtle rejection to a sharp critique of the dehumanizing effects of the limitations of "a woman's place."

The term *magic feminism* was originally used by Patricia Hart in her study *Narrative Magic in the Fiction of Isabel Allende*, published in 1989. According to Hart, magic feminism is a mixture of magic realism and feminism wherein the concepts of time, space, and identity are challenged from a woman's perspective. Moreover, the supernatural events, which are demystified as they are in magic realism, have a clearly symbolic dimension which questions and obliquely critiques male-dominated society. In her article Patricia Hart further explores this concept in seven short stories from *The Youngest Doll*, the English translation of the collection, *Papeles de Pandora*, by Puerto Rican author Rosario Ferré. These stories, "The Youngest Doll," "Marina and the Lion," "Amalia," "Sleeping Beauty," "The Dreamer's Portrait," "The Poisoned Story," and "The Other Side of Paradise," were translated by Rosario Ferré in collaboration with several other writers. Patricia Hart illustrates how these works, in their enchanting, compelling, and sometimes terrifying way, invert such "masculine myths" as Pygmalion, Dorian Gray, Cinderella, Sleeping Beauty, and Androcles the Lion and thereby censure the patriarchy's continued repression of women.

The theme of artistic innovation unites three articles: "O drama histórico brasileiro na década de oitenta" by Severino Albuquerque of the University of Wisconsin at Madison: "La intención unificadora de Miguel Barnet en *La vida real* by Ana García Chichester of Mary Washington College; and "Poesía y nación: *Hojas al viento* y la crítica coetánea" by Oscar Montero of Lehman College. Underlying this theme is a challenge to the literary establishment, whether imposed by prescriptive rules of Cuban artistic circles, the anti-Castro motif of exile, or the new focus on the individual and the psychological in Brazilian drama of the 1980s.

In his article, Severino J. Albuquerque discusses Brazilian historical drama of the 1980s, which found its very survival threatened by the thematic innovations of nonhistorical dramatists of the period. Freed from the restraints imposed by governmental censure during the previous decade, these writers were able to retreat from the cautious and allegorical approaches of the past and concentrate on more existential concerns such as the fate of the individual and the nature of family and interpersonal relationships. This new emphasis on the individual and contemporary issues in of itself was a challenge to historical dramatists who had to find a way to write about the past and the collectivity in a period concerned with the present and the individual. Albuquerque concentrates his study on three major historical works of the period—*Auto de Frade* (1984) by Joao Cabral de Melo Neto, *Calabar* (1985) by Ledo Ivo, and *Morte aos brancos* (1985) by César Vieira. Through his analysis, the critic shows how these dramatists, were able to write about the past while commenting on the present and to thereby reflect the resilience, adaptability and continuing relevance of Brazilian historical drama in an age when its viability was being questioned by a new aesthetic. Cabral, Ivo, Vieira, and other historical dramatists rose to the occasion and showed the "new dramatic establishment" that not only was their genre still viable, but also that there was room on the Brazilian stage for other thematic foci.

Oscar Montero reevaluates four nineteenth century critics of the innovative Cuban poet Julián del Casal. According to Montero, this criticism, in both its negative and positive aspects, has contributed to a distorted image of the Cuban poet which persists to this day. Montero begins with a presentation of the negative descriptive and prescriptive criticism of Cuban nationals Enrique José Varona and Nicolás Heredia. He subsequently discusses the favorable reviews of Casal's *Hojas del viento* that came from beyond Cuba's shores. Freed from the blinders of a Cuban national imperative and quest for total cultural autonomy, Manuel Zeno Gandía of Puerto Rico and Luis Urbina from Mexico could appreciate the beauty and innovations in Casal's poetry. These individuals were able to discover in that spectacular melange of linguistic artifice, objects of national and international origins, honed and transformed by the poetic soul which both is and is not bound by national origin or time or space.

As Ana García Chichester shows, the innovation of Cuban Miguel Barnet is a revision of the theme of Cuban exile. García Chichester maintains that the theme of Cuban exile is usually presented vis à vis an antirevolutionary stance by a member of the privileged class. Nostalgia for home and the sense of alienation are constants in these works. In *La vida real* (1984), Barnet presents this theme from the point of view of a character who is disenchanted with the realities of the revolution, but who nevertheless still believes in its ideals. Moreover, the protagonist, Julián Mesa, is a member of the underclass. García Chichester believes that, through the longings and preoccupations of Mesa, Barnet shows that, despite their ideologies, Cubans on both sides long for wholeness and unity. In fact, Barnet shows that this desire is shared by all Hispanic exiles whatever their national origin. Yet while exile takes away, it also gives. Thus, even though they yearn for home, they find themselves in a new home, which is now inextricably and equally a part of who they are.

While Patricia Hart's article can also be viewed as a study of fantasy from the special prism of magic feminism, only one article deals specifically with the fantastic: Clara Román-Odio's "La narrativa reversible de Julio Cortázar." In her detailed study of Cortázar's stories "Axolotl" and "La noche boca arriba," the critic discusses ambiguity as a narrative strategy. While ambiguity is a fundamental characteristic of fantastic works, Román-Odio states that Cortázar's concerns are not purely with the fantastic per se. Rather, she maintains, he uses the fundamental ambiguity in these works to challenge the hegemony of realism. At the end of each story the reader wonders whether the apparently supernatural phenomena have actually occurred in the narrative space or whether they were imagined or dreamed by a mad or sleeping protagonist. While these ends are fascinating in themselves, it is the critic's thesis that they are metaphors that question the very nature of reality.

It is our sincere hope that this series of nine essays will stimulate further critical discussion of these and related topics. Among our goals has been the desire to reflect both the unity and diversity of thought and critical procedures inspired by Professor María Antonia Salgado. What follows in some small measure is our expression of gratitude and admiration for her dedication to the field of Hispanic letters, to her students, and to learning.

MILLICENT A. BOLDEN
LUIS A. JIMÉNEZ

Foreword

HOPING TO INSTILL enthusiasm in the students taking a graduate course in Colonial Spanish-American Literature at the University of Maryland in the fall semester of 1962, I decided to begin by studying the controversial chronicle of Las Casas. Ours was one of the few universities offering a complete graduate program in that literature, but we had few majors. María Antonia Salgado, who volunteered to work on Las Casas (a class presentation that nobody else accepted), was a native of the Canary Islands. She had an M.A. from the University of North Carolina at Chapel Hill and a history of experience with courses in Golden Age. She minored in French. I took for granted that she would rely heavily on such critical works as Menéndez Pidal's "Una 'norma' anormal del Padre Las Casas," and on Las Casas other "mistakes" such as the introduction of black slaves. But her presentation was objective and well-documented. Her approach was multidisciplinary, judiciously referring to the literary, historical, economic, and legal significance of the chronicles. She spoke of the moral idealism of a totalitarian state which allowed a debate about the righteousness of the conquest and the advocation of a system of international law above nation and state. The paper she read compared favorably to what an Assisstant Professor on tenure-track would have presented at one of our professional meetings.

María Salgado's report had a great impact on the class, accustomed to rely on their notes and quotations on index cards, and on their lively and persuasive delivery. My praise was moderate in deference to the members of the class, but I enjoyed discussing her performance with my colleagues. Soon, the professor of 20th century Spanish Literature assigned her a very special report on the landscape of a novel of Baroja. In 1966, the year in which María Salgado received her doctorate, *Hispania* published this report under the title "El paisaje animado en Camino de perfección." It became required reading in the Spanish graduate program in Spanish in one of our finest universities.

Before graduation, María Salgado co-authored a note which appeared in the *Philological Quarterly*, and published an article in *Papeles de Sons Armadans*. Since then, her work has consistently appeared in other well-known publications both here and abroad. Among these are: *Thesaurus, Romance Notes, Hispanófila, La Torre, South Atlantic Bulletin, Kentucky Romance Quarterly, Explicación de Textos Literarios, Alaluz, Cuadernos Hispanoamericanos, Revista Iberoamericana, Comparative Literature Studies* and *The Modern Language Journal*. María Salgado has been invited to contribute to more than a dozen literary encyclopedias, dictionaries and handbooks on Spanish and Spanish-American Literature. She has been a reader and a member of the editorial board for more than twenty literary reviews and publishing houses; she has chaired and organized sessions for regional, national, and international conferences; she has directed dozens of theses and dissertations on Spanish and Spanish-American topics. She has also found time to serve in an administrative capacity and on committees at the University of North Carolina at Chapel Hill, where she has taught since 1967, and where she was promoted to full professorship in 1977. As when she was a graduate student, Dr. Salgado still believes in doing the most and doing the best. She is completely devoid of arrogance or pretenciousness. Warmth, simplicity of heart, humaneness, loyalty, love, characterize her every action. I remember stopping at her house to lend her a book when she was my student at the University of Maryland. She opened the door with a small boy in her arms, and a little girl was holding onto her skirt. They were her children, and I had to superimpose on the image of the brilliant student that of the housewife and mother.

Dr. Salgado has written widely on the art of the portrait in literature. She became interested in the subject while taking a graduate course in Spanish-American Modernism, and while studying the lyric prose of the great writers of that movement. Since she was majoring in peninsular Spanish literature, she selected Juan Ramón Jiménez as the subject of her doctoral dissertation. At the time, little attention had been given to his "caricaturas líricas" collected in *Españoles de tres mundos*, a fact noticed by *Insula* which published Dr. Salgado's first book in 1968 under the title *El arte polifacético de las "caricaturas líricas" juanramonianas.*

On the jacket of the book the love and sensibility of Dr. Salgado's endeavor and the exactness and precision of her method were extolled. This work still stands as the most complete and incisive study of Jiménez' great book *Españoles de tres mundos.* Since then, Dr. Salgado has expanded the study of portrait in literature to include the works of the leading feminine writers in Spanish of our time.

Dr. Salgado's second book, *Rafael Arévalo Martínez*, published by Twayne's World Authors Series (1979), also stands out as one of the most important contributions to the study of this Guatemalan writer who defies classification. He was called "bizarre" and "fantastic," even the creator of the "psychozoological tale." Dr. Salgado placed him comfortably among the most original of the modernist writers demonstrating that his strangeness was derived from his ability to combine "what until then had appeared in Spanish-American Literature as two independent currents: (1) aesthetic concern, and (2) social commitment." Arévalo Martínez was a poet, Dr. Salgado discovered, hidden under the symbols and metaphors of his prose; his "search for identity and his desire to understand his place in society," and, above all, the thirst for the infinite which characterized the best modernistic production.

Moguer, the native town of Nobel Prize winner Juan Ramón Jiménez, created a special prize for María Salgado's doctoral dissertation when, on the advice of her mentors, she entered it at the first convocation of the Jiménez Award in 1967. The first and only prize for that competition *had to be given* to a native son for the fifteen posthumous editons of the poet's works, including inedit poems. Now *this* award, created for Dr. Salgado by a group of her students, all of whom are university professors, gives due recognition to an exemplary scholar and first rate human being.

GRACIELA PALAU DE NEMES
Professor Emerita
University of Maryland at College Park

Curriculum Vitæ

María A. Salgado

EDUCATION:
Florida State University 1955-1958 B.A. (cum laude)
University of North Carolina, Chapel Hill 1959-1960 M.A. in Romance Languages
Catholic University Summer 1963
University of Maryland 1962-1966, Ph.D. In Spanish
    Dissertation Director: Graciela Palau de Nemes
    Dissertation Title: "El arte polifacético de las 'caricaturas líricas' de Juan Ramón Jiménez."

TEACHING EXPERIENCE:
University of North Carolina, Chapel Hill
    Professor 1977-
    Associate Professor 1972-1977
    Assistant Professor 1967-1972
Merced College
    Instructor, Spring 1967
University of Maryland
    Instructor, Fall 1967
    Graduate Instructor, Spring 1964-1966
    Peace Corps Institute, Summer 1964
    Teaching Assistant, 1963-1964

MEMBERSHIP IN PROFESSIONAL ORGANIZATIONS:
American Association of Teachers of Spanish and Portuguese
American Society for Eighteenth-Century Studies
Asociación de Literatura Femenina Hispánica
Asociación Internacional de Hispanistas

Association of the Fantastic in Literature and the Arts
Association of North American Colombianists
Ibero-American Society for Eighteenth-Century Studies
Instituto Internacional de Literatura Iberoamericana
Instituto Literario y Cultural Hispánico
Latin American Studies Association
Modern Language Association 1967-1991
North Carolina Chapter of AATSP
North Eastern Modern Language Association
Philological Association of the Carolinas
South Atlantic Modern Language Association

HONORS AND AWARDS:
Vice-President. Ibero-American Society for Eighteenth-Century Studies. 1994-1995
South Atlantic Modern Language Association Executive Committee 1993-1996
Research Travel Grant (ILAS) Summer 1993
Departmental Research Leave. Spring 1991
Research Travel Grant (ILAS). Spring 1991
Research Travel Grant (ILAS). Summer 1990
Review Panelist for National Research Council Fellowship Programs. 1989-
Research Travel Grant (ILAS). Fall 1988
Research Travel Grant (ILAS). Spring 1985
Advisory Board of ANAC. 1983
Kenan Leave. Spring 1981
State Director of Sigma Delta Pi (North Carolina) 1976-1979
U.N.C. Research Council Grant. 1973
U.N.C. Research Council Grant. 1968
Honorary Mention in the "Juan Ramón Jiménez Prize" in Spain 1967 (for Dissertation)
Elected to: Phi Beta Kappa
          Phi Kappa Phi (National Scholastic Honorary)
          Sigma Delta Pi (Spanish National Honorary)
          Pi Delta Phi (French National Honorary)
          Alpha Lambda Delta (Freshman National Honorary)

LISTED IN:
Two Thousand Notable American Women
International Leaders in Achievement
The Directory of Distinguished Americans
Who's Who of American Women
Who's Who in the World
Directory of American Scholars
Dictionary of International Biography
The World Who's Who of Authors
International Who's Who in Education
The World Who's Who of Women
Contemporary Authors

EDITORIAL EXPERIENCE:
Editor, University of North Carolina Studies in Roamcne Languages and Literatures. 1986-
Chair, Publications Advisory Committee. 1986-
Editorial Board *Monographic Review/ Revista Monográfica*. 1984-
Associate Editor *Monographic Review/Revista Monográfica*. 1984-
Editorial Board *MIFLC Review*. 1990-
Editorial Board Carolina Wren Press. 1989-
Staff Reviewer for *Hispania*. 1992-
Consejo Editorial de la Serie de Estudios de Narrativa Hispánica de Ediciones. 1987-1990
Discurso Literario (Univ. of Oklahoma)
SAMLA Awards Committee. 1986-1990
Romance Languages Publications Board. 1986-, 1982-1985, 1976-1980
Associate Editor for *Romance Notes*. 1987-, 1980-1987
Publications of the Institute of Latin Am. Studies. 1979-1982
Reader for *Latin American Research Review*. 1977-1982
Encyclopedia Americana regular contributor. 1972-1975
Reader/Editorial Board of *Hispanófila* since 1970
Reader/Editorial Board of *Romance Notes* since 1968
Reader for *South Atlantic Review*. 1968-1975

PUBLICATIONS:
BOOKS:
Rafael Arévalo Martínez. Twayne's World Authors Series, Num 544. Boston: G.K. Hall, 1979.

¡Hablemos! Textos contemporáneos para conversar o escribir (With Catherine A. Maley). New York: Harper and Row, Publishers, 1976. Requested by the editors.

El arte polifacético de las "Caricaturas líricas" juanramonianas. Madrid: Editorial Insula, 1969. Awarded the only "Mención de Honor" of the "Premio Juan Ramón Jiménez." (Spain 1967)

ARTICLES:
Forthcoming:
"Aproximación a la poesía de José Luis Quesada." *Revista de Estudios Hispánicos* (Puerto Rico) (1994)

"Mito, feminismo y femineidad en los poemas dramáticos de Rosario Castellanos." *Explicación de Textos Literarios.* Ed. Candelas Newton. (1995)

"José Luis Quesada, poeta hondureño: Intertextualidad, compromiso social y lengua cotidiana." *Romance Notes.* (1994)

"Re-escribiendo el canon: Góngora y Margarita Hickey." *Dieciocho* 17.1 (1994):

Published:
1994
"Familia, mito y metafísica en *Electra, Clitemnestra* de Magaly Alabau." *The Americas Review* 21.2 (Summer 1993): 77-88.
1993
"Gioconda Belli, novelista *revolucionaria*." *Monographic Review/ Revista Monográfica* 8 (1992): 229-42.
1992
"Alfonsina Storni in her Self-Portraits: The Woman and the Poet" *Confluencia* 7.2 (Spring 1992): 37-46.

"Valle Inclán. Persona y personaje de las letras hispanas." *Letras Peninsulares* 4.2-3 (Fall/Winter 1991): 319-33.
1991
"En torno a Rubén Darío, la literatura intimista y el preciosismo

verbal." Explicación de Textos Literarios 19.1 (1990-1991): 95-111.

"Experiencia vivencial y expresión depurada en la poesía de Amelia del Castillo." Monographic Review/Revista Monográfica 4 (1990): 304-15.

"Ramón de Basterra: 'violento vasco fatal.'" Journal of the Society of Basque Studies in America 10 (1990): 76-86.

"Esbozo de aproximación a la poética de Heberto Padilla en *Fuera del juego.*" Revista Iberoamericana Nums. 152-153 (Julio-Diciembre 1990): 1257-67.

1990

"*Luisa en el país de la realidad* o el arte de la autoficción." The Forum of Phi Sigma Iota. 12.2 (Winter 1990): 5-7.

"On Poets and Poetry in Eighteenth Century Mexico." Dieciocho 13.1-2 (Spring-Fall 1990): 71-83. "Isla, agua y espejos. Exilio e identidad en la poesía de Amelia del Castillo." Alaluz 22.1 (Primavera 1990): 23-36.

1989

"Félix Rubén García Sarmiento, Rubén Darío y otros entes de ficción." Revista Iberoamericana 55.146-147 (Enero-Junio 1989): 339-62.

"Gregorio y yo: La verídica historia de dos personas distintas y un sólo autor verdadero." Hispanófila 96 (May 1989): 35-43.

1988

"*Yo soy un hombre ni alto ni bajo* o la realidad ficticia del Baroja autobiográfico." Journal of the Society of Basque Studies in America 8 (1988): 75-84.

"Juan Ramón Jiménez e Hispanoamérica: Crítica y poesía." Cuadernos de Zenobia y Juan Ramón (Madrid) 2 (Verano de 1988): 75-86.

"El 'Autorretrato' de Rosario Castellanos: Reflexiones en torno a la feminidad y el arte de retratarse en México." Letras Femeninas 14.1-2 (Primavera-Otoño 1988): 64-72.

"Women's Voices in Eighteenth-Century Hispanic Poetry." Dieciocho 11.1 (Spring 1988): 15-26.

"En torno a la poesía femenina de la Generación de los años 50 en Cuba." Confluencia 3.1 (Fall 1987 [1988]): 113-21.

1987

"Temas y técnicas en *Los amores de Afrodita* de Fanny Buitrago." *Hojas Universitarias* (Colombia, Universidad Central) 3.28 (Marzo de 1987): 174-84.

"En torno a Manuel Puig y sus metamorfosis del narrador." *Hispanic Journal* 7.1 (1985 [1987]): 79-90.

"Perfil de Concha en sus autorretratos para oyentes." *La Torre* (Puerto Rico). Año 32, Nums. 124-125 (Abril- Septiembre 1984 [1987]): 127-42.

"Porfirio Barba Jacob entre el yo y la eternidad." *Revista de Estudios Colombianos* Num. 2 (1987): 37-40.

1986

"*Desterrado*: El Juan Ramón del mar tranquilo y la tierra enloquecida." *Monographic Review / Revista Monográfica* 2 (1986): 55-67.

"Mirrors, Portraits, and the Self." *Romance Quarterly* 33.4 (November 1986): 439-52.

"Tres incisiones en el arte del retrato verbal modernista." *INTI. Revista de Literatura Hispánica* 20 (Otoño 1984 [1986]): 57-69.

"Porfirio Barba Jacob entre el yo y la eternidad." *Manizales* (Colombia) Num. 536 (Enero 1986): 248-50.

1985

"En torno a Manuel Puig y sus metamorfosis del narrador." *Hispanic Journal* 7.1 (1985): 79-90.

"Joan Brossa's *La Sal i el Drac*: A Playwright's Reflections on Life, Theatre, Playwriting." *Discurso Literario* 2.2 (Spring 1985): 363-76.

"Casa de campo o la realidad de la apariencia." *Revista Iberoamericana* Nums. 130-131 (Enero-Junio 1985): 283-91.

1984

"América y Guatemala in the Anti-Yankee Novels of Miguel Angel Asturias." *Hispanófila* 81 (Mayo 1984): 79-85.

"Hernández y Vallejo" Una imagen y dos conceptos vitales." *Taller Literario* 2.1 (Fall 1984): 48-59.

1982

"El último revivir juanramoniano: *Leyenda*, en edición de Sánchez Romeralo." *Cuadernos para Investigación de Literatura Hispá-

nica. Estudios Fundación Universitaria Española, 4 (1982): 199-206.

"'Río-Mar-Desierto': Plasmación dinámica del revivir juanramoniano." *Hispania* 65.2 (May 1982): 194-99.

1981

"Juan Ramón visto por Juan Ramón." *Cuadernos Hispanoamericanos*. Homenaje a Juan Ramón Jiménez Nums. 376-378 (Octubre-Diciembre 1981): 7-23.

"Juan Ramón, maestro de poetas." *El Ciervo* (Barcelona) 30.364 (Junio 1981): 25.

"La estela juanaramoniana en América." *Alaluz* Año 12, Num. 2-Año 13, Num. 1 (Otoño-Primavera 1980-1981): 52-57.

1980

"Arévalo Martínez novelista: El despertar de una conciencia social." *Explicación de Textos Literarios* 8.2 (1979-1980): 159-66.

1979

"Pureza o sinceridad: La aportación poética de Arévalo Martínez." *Revista de Estudios Hispánicos* 13.3 (Octubre 1979): 449-59.

1978

"Trends of Spanish American Fiction Since Nineteen-Fifty." *South Atlantic Bulletin* 43.1 (January 1978): 19-29.

1977

"*El cepillo de dientes* y *El apartamiento*: Two Opposing Views of Alienated Man." *Romance Notes* 17.3 (Spring 1977): 247-54.

1976

"El alma de la 'Sonatina.'" *Chasqui* 5.2 (Febrero 1976): 33-39. Reprinted from *Anales de Literatura Hispanoamericana* (1975).

"Lo fantástico en un cuento de Quiroga y de Cortázar." *Explicación de Textos Literarios* 4.1 (1975-1976): 35-38.

1975

"El alma de la 'Sonatina.'" *Anales de Literatura Hispanoamericana* (Madrid) 4 (1975): 405-11.

1974

"Imágenes visionarias en *Españoles de tres mundos*." *Revista de Letras* (Puerto Rico) 6.23-24 (Septiembre- Diciembre 1974): 438-45.

"Las dos Españas de Pablo Neruda." *South Atlantic Bulletin* 39.2

(May 1974): 33-42.
"*Los que viven por sus manos*: Poesía comprometida de Ramón de Garcíasol." *Kentucky Romance Quarterly* 21.3 (1974): 353-63.

1971

"La búsqueda infructuosa de Delmira Agustini." *Revista de Letras* (Puerto Rico) 3.10 (Junio 1971): 195-207.

"Documentary Theatre in Mexico: Vicente Leñero's *Pueblo Rechazado*." (With Fred Clark), *Romance Notes* 13.1 (Fall 1971): 54- 60.

"Quiroga's 'El hijo': Prototype of His Art." *South Atlantic Bulletin* 36.2 (March 1971): 24-31.

1969

"Supervivencia del mito azteca en el Méjico contemporáneo de *La región más transparente*." *Kentucky Romance Quarterly* 16.2 (1969): 125-33.

"Dos caricaturas líricas de Antonio Machado por Juan Ramón Jiménez." *La Torre* (Puerto Rico) 17.66 (Octubre-Diciembre 1969): 90-97.

"En torno a una página olvidada de Juan Ramón Jiménez." *South Atlantic Bulletin* 34.4 (November 1969): 9-11.

"La visión humorística en los *Retratos* de Gómez de la Serna." *Papeles de Son Armadans* (Palma de Mallorca) 163 (Octubre 1969): 15-25.

"*Teatro de ensueño*: Colaboración modernista de Juan Ramón Jiménez y G. Martínez Sierra." *Hispanófila* 38 (1969): 49-58.

"El retrato como crítica literaria en *Los raros*." *Romance Notes* 11.1 (Fall 1969): 30-35.

1967

"La nueva prosa modernista." *Thesaurus* 22 (1967): 81- 94.

1966

"El paisaje animado en *Camino de perfección*." *Hispania* 49.3 (September 1966): 404-09.

1965

"A Note on the Affirmative Commands in Old Spanish." (With Henry Mendeloff) *Philological Quarterly* 44.1 (January 1965).

"Realidad y fantasía en *Alfanhuí*." *Papeles de Son Armadans* (Palma de Mallorca) 116 (Noviembre 1965): 140-52.

ARTICLES IN BOOKS AND COLLECTIONS:
Forthcoming:
"'Mi esposa es de mi tierra; mi querida, de París' o el hispanismo ingénito de Rubén Darío." Forthcoming in a book of essays on Darío. Alberto Acereda, Editor.

"Una lectura maquiavélica de Pedro Shimose." *Estudios críticos sobre la poesía de Pedro Shimose.* Oscar Rivera-Rodas, ed.

Published:
1993
"Autorretrato de la poesía en *Retornos sobre la siempre ausencia* de Ana María Fagundo." *Ana María Fagundo: Texto y contexto de su poesía.* Ed. Antonio Martínez Herrarte. Madrid: Editorial Verbum, 1993. 131-40.

"El autorretrato modernista y la 'literaturización' de la persona poética." *Actas del X Congreso de la Asociación Internacional de Hispanistas.* 4 vols. Antonio Vilanova, ed. Barcelona: PPU, 1992. IV. 959-67. [1993]

1992
"El autorretrato clandestino de Margarita Hickey, escritora ilustrada." *Actes de IVe Colloque International "L'Autoportrait en Espagne. Littérature et Peinture."* (6-8 Décembre 1990). Aix-en-Provence: Publications de l'Université de Provence, 1992. 133-46.

1991
"Women Poets of the Cuban Diaspora: Exile and the Self." In *Paradise Lost or Gained? The Literature of Hispanic Exile.* Fernando Alegría and Jorge Ruffinelli, eds. Houston, TX: Arte Público Press, 1991. 227-34.

"Alfonsina Storni." *Escritoras Hispanoamericanas.* Una guía Bio-Bibliográfica. Diane Marting, Compiladora. Bogotá: Siglo XXI, 1991. 531-42. (Edición en español de la versión en inglés).

1990
"Alfonsina Storni." *Spanish American Women Writers.* A Bio-Bibliographical Source Book. Diane E. Marting, ed. Westport, CT: Greenwood P, 1990). 501-12.

"On Power and Women and How Not To Run a House in the Country." *In Studies on the Works of José Donoso. An Anthol-*

ogy of Critical Essays. Miriam Adelstein, ed. Queenston, Canada: The Edwin Mellen P, 1990. 77-99.

1989

"En torno a los modernistas y las 'autosemblanzas' de *El Liberal.*" In *Actas del IX Congreso de la Asociación de Hispanistas.* 2 vols. Frankfurt: Ibero-Amerikanisches Institut, 1989. II, 389-95.

"En torno a la poesía tradicional y la creación femenina en la Segunda Promoción de la Revolución Cubana." *La Historia en la literatura iberoamericana.* Memorias del XXVI Congreso del Instituto Internacional de Literatura Iberoamericana. New York: Ediciones del Norte, 1989. 179-87.

1988

"Malvina 'Ventura,' pionera emblemática de la mujer de acción." In *Studies in Modern and Classical Languages and Literatures* (I) (Selected Proceedings of the Southeastern Conference) Fidel López Criado, ed. Madrid: Orígenes, 1988. 57-63.

1987

"Collection Development, the Theory, the Practice, and the Problems—From the Perspective of Literature." In *Collection Development: Cooperation at the Local and National Levels.* Seminar of the Acquisition of Latin American Library Materials. SALALM XXIX *Papers.* Memorial Library. Univ. of Wisconsin, Madison (1987): 21-24.

1985

"Eco y Narciso; Imágenes de Porfirio Barba Jacob." In *Ensayos de Literatura Colombiana.* Raymond L. Williams, ed. Bogotá, Colombia: Plaza y Janés, 1985. 51-67.

1984

"Mirrors and Mirages: Refractions in the Self-Portrait." In *Selected Proceedings 32nd MIFLC.* Gregorio C. Martín, ed. Winston-Salem, N.C: Wake Forest University, 1984. 285-91.

1982

"The Voice of the Authorial Narrator in *Casa de campo.*" In *The Creative Process on the Works of José Donoso.* Guillermo I. Castillo-Feliú, ed. Winthrop Studies on Major Modern Writers. (1982). 99-110.

"La visión grotesca de la sociedad en el teatro de Miguel Angel Asturias." *Actas del IV Congreso de la Asociación Internacional de Hispanistas*. Salamanca: Universidad de Salamanca, 1982. II, 579-85.

1981

"El arte de la leyenda en Gertrudis Gómez de Avellaneda." In *Homenaje a Gertrudis Gómez de Avellaneda*. Gladys Zaldívar and Rosa Martínez de Cabrera, eds. Miami: Editorial Universal, 1981. 238-46.

1979

"La narrativa de Rafael Arévalo Martínez: El autor frente a su obra." *Actas del V Congreso de la Asociación Internacional de Hispanistas* Bordeaux: PU de Bordeaux, 1977 [1979]. II, 777-82.

1976

"¿'Civilización y barbarie' o 'Imaginación y barbarie'?" In *Explicación de "Cien años de soledad"* (*García Márquez*). Porrata y Avendaño. eds. "Explicación de Textos Literarios," 4, Anejo 1 (1976): 229-312.

1971

"El mito azteca en *La región más transparente*." In *Homenaje a Carlos Fuentes: Variaciones interpretativas en torno a su obra*. Helmy G. Giacoman, ed. New York: Las Americas Publishing House, 1971. 229-40.

1970

"Leyenda y realidad en el drama del Conde-Duque." In *Homenaje a Elías Serra Rafols*, 3 vols. La Laguna, Tenerife: Universidad de La Laguna, 1970. II, 279-93.

Other publications include many articles in dictionaries, encyclopedias, and histories. Hundreds of book reviews.

Voces y silencios, y sus vínculos con el poder en la *Autobiografía* de Juan Francisco Manzano

LUIS JIMÉNEZ

> I have not accurate knowledge of my age, never having seen any authentic record containing it.
>
> FREDERICK DOUGLASS

EN LA AUTOBIOGRAFÍA DE Frederick Douglass (1817-1895) de 1845 el esclavo norteamericano silencia la edad porque carece de la copia auténtica de su acta de nacimiento. Con la *Autobiografía* de Juan Francisco Manzano (1797?-1854), traducida por el abolicionista británico Richard Robert Madden y publicada en Londres en 1840, ocurre algo semejante (Mullen 13-15).[1] Al hablar de sus progenitores, Manzano cuenta su vida prescindiendo del año en que nació.[2] El autor afrocubano da su nombre,

---

[1] Manzano publicó su primer libro *Poeslas líricas Cantos* a *Lesbia* en 1821. En 1830 apareció la segunda obra poética, *Flores pasajeras* y en 1842 su obra teatral *Zafira*. La *Autobiografía* fue publicada en inglés fuera de Cuba por mediación de Domingo del Monte. El manuscrito original de Manzano comienza a circular clandestinamente en Cuba poco después de su manumisión en 1836. Las citas en este ensayo provienen de la edición en español de 1937, publicada por el Municipio de La Habana (Molloy 395-96).

[2] En una carta a Domingo del Monte, fechada 25 de junio de 1835, Manzano habla de escribir su vida. Véase *Autobiografía*, 1937 (83-184). En el caso de Frederick Douglass, su autobiografía es un compromiso literario y político en búsqueda de la identidad histórica del afroamericano (Towns 17). Sobre la literatura antiesclavista en Norteamérica, véanse la bibliografía

pero sustituye la fecha de su nacimiento por puntos suspensivos: "se berifico el matrimonio de Toribio de Castro con María del Pilar [Manzano], a quienes debo el ser saliendo a Luz el año de" (34). Tales silencios narrativos de este tipo funcionan como tropos sin voz que se interponen entre el "yo" y el lenguaje (de Man 920). En otras palabras: el texto sustituye al "yo" y, por tanto, la función cognoscitiva de la autobiografía descansa en lo que la lengua expresa, no en el sujeto de la escritura (de Man 930). Este acercamiento permite un examen lingüístico de lo que Manzano dice y lo que insinúa en la *Autobiografía*, primer testimonio de la literatura negrista en la Cuba colonial que antecede la abolición de la esclavitud en 1886.[3]

Valiéndome de este planteamiento intento exponer *cómo y por qué* el escritor afrocubano emplea voces y silencios en cuarenta y seis páginas autobiográficas. Pretendo discutir las voces y los silencios relacionándolos con el poder, la impotencia y la condición social de Manzano. Prescindo, por consiguiente, de la exégesis de la voz minoritaria del esclavo cubano desde la perspectiva económica e histórica y las intenciones ideológicas de los abolicionistas cubanos del siglo XIX, que, por lo demás, ya han sido examinadas por casi todos los críticos de su obra (Jackson, Luis, Molloy, Mullen, Schulman y Willis).[4]

Un estudio lingüístico de la escritura de Manzano debe incluir el papel del lector en la interpretación de lo que John R. Searle denomina los *actos ilocucionarios* de habla típica (13). Según Searle, la emisión del que habla y su recepción por parte del oyente es lo que produce la comunicación lingüística entre uno y otro. A través

---

exhaustiva de Russell C. Brignano y el libro de Marion Wilson Starling (337-363).

[3] Sobre la literatura antiesclavista en Cuba, véanse los artículos de César Leante y Salvador Bueno.

[4] El crítico norteamericano Henry Louis Gates Jr. ha dirigido la atención del investigador hacia la importancia del lenguaje en la narrativa del esclavo. En su opinión, el interés de la literatura antiesclavista no descansa exclusivamente en la mimesis socio-ética y temática del contenido, sino en el hecho de que el marco referencial de este tipo de discurso enfrenta al autor a su propio lenguaje (41).

de la emisión, el hablante describe, comenta, critica, censura y promete contar una anécdota con sinceridad (Searle 13-14, 28). Sin embargo, también puede silenciar algo. En cuanto al silencio, el Diccionario de la Real Academia incluye tres significados: 1) la abstención de habla, algunas veces refiriéndose a un asunto particular; 2) el estado o la condición que se origina cuando nada es perceptible al oído debido a la falta de ruido y 3) la omisión (in)voluntaria de una mención o de un informe por escrito. Se verá en el libro de Manzano que, tanto los actos de habla como los silencios, constituyen el eje central del lenguaje autobiográfico.

La autobiografía tradicional exige un relato con un grado óptimo de fidelidad socio-histórica. Por esta razón, en el texto de Manzano prevalece el "yo" discursivo que cuenta una vida ceñida a datos e informaciones precisos que en su vida diaria ocurrieron.[5] La expresión verbal funde simultáneamente el uso del pretérito perfecto y del indefinido: "Como ya he dicho, mi ama, la Sra Marqueza de Justiz, ya señora de edad, me tomo como un genero de entretenimiento" (34), mientras Manzano revive una experiencia maternal con la Marquesa de Jústiz (1733-1807), su primera dueña.[6] El nexo familiar entre los dos personajes se reafirma con el acto repetitivo[7] más próximo al habla, el pretérito perfecto: *como ya he dicho*, seguido de otro enunciado con resonancias lejanas en el indefinido: *me tomó*. En efecto, el divertimiento de la dueña con el criollo "niño de su bejez" (34), mantiene a éste como si fuera un juguete hasta la muerte de ella en 1807.

---

[5] Para Esperanza Figueroa, el autobiógrafo falsifica la historia. Los enredos de fechas, recuerdos y nombres convierten el acto autobiográfico en un penetrante relato exclusivamente literario (27).

[6] José Lezama Lima ofrece una breve biografía de la Marquesa Jústiz de Santa Ana, autora del *Memorial a Carlos III*, de 25 de agosto de 1762, en el que las mujeres activistas cubana mandaron su protesta por la capitulación de la Plaza de La Habana ante la escuadra inglesa (155). Todo esto se versificó en *La dolorosa métrica expresión* que dichas mujeres remitieron al rey.

[7] En otro pasaje del texto el hablante se refiere a esto: "Si tratara de aser un esacto resumen de la istoria de mi vida, sería una *repetision* de susesos todos semejantes entre si" (51 letra itálica mía).

Otras veces, sin embargo, el "yo" se desplaza a diferentes voces gramaticales, como si quisiera evitar que se pusiera en duda lo narrado. Para asegurar su veracidad, el autobiógrafo recaptura un evento de su vida mediante la pluralización verbal: "y disen que mas estaba en sus brasos [los de la Marquesa] que en los de mi madre... Aun viven algunos testigos de esta verdad" (34). ¿Por qué elaborar el relato impersonal en el presente y en la tercera personal del plural? Existen dos razones que sustentan esta preferencia lingüística. Primera, quiere mostrar que no falsifica la memoria de un hecho que se remonta cronológicamente a más de treinta años atrás, cuando él era niño. Debido a un posible olvido, se basa en las opiniones de testigos. Segunda, con el uso del plural en el presente Manzano actualiza el momento de la escritura, haciéndolo coincidir con el 1835, el año que le prometió a su mentor, Domingo del Monte, escribir la historia de su vida.[8] Para asegurar que el hecho es fiel confirma los eventos por medio de testigos todavía vivos tanto dentro como fuera de la narración.[9] Las voces de los "otros" son importantes porque prueban la autenticidad del "yo" autobiográfico: "Aún viven testigos de esta verdad" (34). Al mismo tiempo, regulan la comunicación intersubjetiva entre varias personas gramaticales que mantienen el discurso autobiográfico (Benveniste 219).

La función auditiva en el lenguaje del "yo" no se limita a lo que otros testigos dicen. El autobiógrafo, persona biológica mediatizada en el discurso a través del hablante, deja que éste hable y escuche al mismo tiempo. Es decir, el hablante también oye otras voces y, por consiguiente, se convierte en oyente de su propia escritura. Esta reciprocidad lingüística se refleja en la obra de Manzano mediante el juego de palabras con el verbo oír, por medio del cual se disimula su incapacidad para interceptar el mensaje de sus amos. Crea así una situación intradiscursiva entre el "yo" de la enunciación y "otro" yo receptor imprescindible para completar el acto de habla. Por

---

[8] Véase la nota dos. Para Louis Renza, la autobiografía es un intento de aclarar el presente del autor, no su pasado (3).

[9] Dice Roland Barthes que el "yo" es el testigo mientras que la tercera persona representa la máscara del lenguaje porque da al lector una fabulación creíble (41).

ejemplo, los "delitos comunes" de que se le acusa eran "no oir a la primer vez que me llamasen y si al tiempo de darseme un recado dejaba alguna palabra por oir [se me castigaba severamente]." (39) Enfrentado a este dilema, el esclavo cubano agudiza el sentido auditivo para prevenir la penitencia a la que puede estar sometido. Incluso, llega a escuchar el canto de un gallo fino en el comedor de la casa, aunque no puede precisar en la memoria el número de veces. Al no estar seguro de lo que recuerda, opta por revestir el lenguaje de una máscara verbal que encierra el presente y el pasado al unísono: "si canto mas de una vez no lo sé pero cuando lo oi, desperté, lo espante y me puse en pie" (60). En este incidente, el gallo, como generador de significados, se integra a la aventura narrativa. Su canto actúa de señal auditiva para dar paso al signo lingüístico, y el autobiógrafo lo capta, no sólo para escribir y hablar de su propio discurso, sino además, para oírlo.

A veces no oye, porque está enfrascado en la satisfacción de una necesidad básica, como la comida "la mas sagrada y presisa atención" (56). La glotonería del hablante muestra el aspecto picaresco y humorístico del carácter de un personaje que padece de "frecuentes indigestiones" (39).

Para entretenerse, Manzano desarrolla su afición por las artes plásticas—especie de lenguaje mudo—oyendo y visualizando las clases de dibujo impartidas por el ayo de sus "amos," Míster Godfría. Desde el punto de vista lingüístico, resulta importante señalar la figura del maestro, representante y propagador de la autoridad cultural, y que, como tal, comparte con los dueños la voz del poder mayoritario en el discurso. Míster Godfría elogia la habilidad pictórica del esclavo y le predice que uno de sus mejores logros "sería convertirse en gran retratista." Añade, además, que consideraría un "honor" que *algún día* retratase a todos sus amos" (40). En el texto la inclinación de Manzano hacia el arte del retrato se representa por medio de una serie de asociaciones visuales con la pintura.[10] Paradójicamente, el arte pictórico cobrará la fuerza de la palabra años más tarde, cuando Manzano, al hacer de su vida un acto público, esboza el espacio iconográfico de sus amos dentro de

---

[10] Véase el artículo de María Salgado en la bibliografía.

la escritura autobiográfica. La frase *algún día* de Míster Godfría anticipa las futuras pretensiones estéticas del esclavo cubano.

Ciertos críticos han señalado innumerables deficiencias ortográficas, fragmentaciones morfológicas[11] e incoherencias cronológicas en la narrativa de Manzano (Molloy 395-96, Schulman 10, Willis 204). Ahora bien, dichos errores lingüísticos tienen su justificación en la propia confesión del casi iletrado de Manzano. Admite reiteradamente que durante su vida de esclavo *carecía de escritura* (41) y no componía versos porque sus padrinos no querían que *aprendiese a escribir* (38 subrayado mío). El énfasis en la prohibición del aprendizaje es característico de la denuncia asociada a la autobiografía antiesclavista. Opera también en el de Frederick Douglass, cuyos amos, los señores Hugh y Sophia Auld de Baltimore, tampoco le permitieron el estudio básico de las primeras letras.

A pesar de su limitado grado de instrucción, el poder retentivo, auditivo y recitativo de Manzano queda claro en su capacidad para ilustrar su habilidad de memorizar versos, improvisar visiones poéticas y dibujar imágenes plásticas (41). Su autobiografía combina el "arte de la memoria" con la poética de la declamación, la imaginación iconográfica y el lenguaje escrito—retórica, pintura y poesía.[12] Poseía el esclavo además una gracia especial como fabulista y repetía de memoria y por vía oral cuentos de encantamiento cuando estaba rodeado de niños y de criados (41). Informa también al lector que componía décimas con las que mantenía una relación amorosa con una joven mulata llamada Josefina a quién le dictaba las canciones de memoria (63). En la narración de estas anécdotas, se observa una relación simbiótica entre el limitado discurso escrito de Manzano como hablante y su creatividad oral de cantante y poeta.

En su escritura, al hacer uso del lenguaje autobiográfico, Manzano asume la palabra para que el lector escuche su mensaje. El deseo de hablar para que el público capte ese mensaje, se asoma en

---

[11] Por lo que respecta a la autobiografía estadounidense, Blassingame opina que el afroamericano usa esta modalidad literaria para expresar sus verdaderos sentimientos y lo logra mediante un lenguaje libre de digresiones sintáxis arcaica y repeticiones (8).

[12] Para él arte de la memoria en las artes literarias y plásticas, consúltese el libro de Frances A. Yates.

las repeticiones del monólogo siguiente en el que predominan los "gestos" y las "afecciones" del lenguaje corporal: "era tal el flujo de *ablar* que tenia, que por *ablar ablaba* con la mesa con el cuadro con la pared" (41 subrayado mío). Más adelante, explica cómo y por qué se le obliga a silenciar el "pico de oro" que lo caracteriza. La alusión metonímica refuerza y provoca la imposición del silencio cuando le ponen "una gran mordaza" (41). Advierte en este contexto: "[se hizo] recta proivision para que nadien entrase en combersasion con migo" (41). Este comentario sugiere la anulación del diálogo, esencial para la comunicación enunciada.

Las repeticiones que mencioné con anterioridad aparecen constantemente en el discurso autobiográfico de Manzano para ser fiel a la verosimilitud del relato. Cuando no hay memoria, se silencia lingüísticamente aquellas representaciones pictóricas que el "yo" no puede reproducir en la escritura (de Man 930). En cuanto a la cronología, Manzano sólo registra el tiempo y la información limitados que recuerda o lo que le han contado, manejándolos con cuidado para alejar la duda de que su testimonio pudiera ser visto como falso. El recuerdo de vivencias pasadas se lo comunica repetidamente al lector en el presente para aproximar los hechos al momento de la escritura. En los siguientes ejemplos, el "yo" autobiográfico evoca dos etapas de la juventud a pesar de que han pasado dos años. Las enunciaciones son casi idénticas y el autobiógrafo opta por no confiarse de la memoria:

1) esta epoca por lo remota, no está bien fija en mi memoria solo me acuerdo... (36)
2) no ai epocas fijas pero era de masiado tierno y solo conservo unas ideas bagas (38)

En ambos casos, se trata de dos acontecimientos en los que la referencia temporal entre el presente y el pasado se dispersa por la falta de memoria. El primero, se relaciona con la fecha de la muerte de su querida ama, la Marquesa de Jústiz, en 1807. Manzano revela que contaba solamente diez años y que se hallaba de pupilo en La Habana. Sin embargo, se acuerda de estar presente con sus padres y con su madrina frente al lecho de la difunta en Matanzas. Con estas reflexiones concluye la primera parte de la *Autobiografía*. En el segundo evento se ubica aproximadamente en 1809, época en la que entra al servicio de su nueva dueña, la despótica Marquesa de Prado Ameno. Es ahora cuando comienza, según la voz del sujeto, la "verdadera istoria de mi vida," razón por la que decide silenciar algunos pasajes en los que "se berifica lo inestable de mi fortuna" (38).

Bien conocida es la diferencia en el trato que Manzano recibió de sus dos amas (Schulman 109, Willis 205). La Marquesa de Jústiz se distingue por su benevolencia, mientras que la Marquesa de Prado Ameno se caracteriza por su crueldad y sadismo con el esclavo. La presentación de estos personajes coincide con la presencia de oposiciones binarias inherente a todo acto lingüístico, y la coexistencia de estas dualidades es rasgo distintivo del lenguaje (Jakobson 148).

De su primera dueña el autobiógrafo guarda gratas memorias y las registra lingüísticamente cuando realiza su retrato espiritual. No ocurre así cuando traza el de la Marquesa de Prado Ameno, cuya voz se escucha por primera vez en el texto al fallecer su madre, María del Pilar. La ausencia de "ella" es reemplazada por la presencia de la segunda ama, sujeto hegemónico de la clase en el poder que la Marquesa de Padro Ameno representa: "pues yo he quedado en su lugar, ¿me olles?" (59). Al intercalar el discurso de la Marquesa entre comillas el autor indica que el mensaje no es el suyo, sino la explicación parafrástica de un diálogo ya ocurrido anteriormente. Los giros pronominales—yo, ella, tú—son una estrategia gramatical que pone de relieve el carácter autoritario y el mandato categórico con los que el personaje obliga al esclavo a escuchar su orden implícita.

Poco después de la muerte de María del Pilar, se promueve en la *Autobiografía* la cuestión de un dinero que Manzano heredó de ella, y que le reclama a la Marquesa de Prado Ameno. El esclavo declara haber encontrado un "lío de papeles," "recibos" y "papeletas" (62) en una caja grande y antigua con los que sustenta el derecho a la herencia de su madre (62). Los *documentos hallados* pueden leerse como un tradicional recurso que refuerza la credibilidad narrativa, a la vez que otorgan legitimidad a la reclamación pública que se lleva a efecto.

Con la intrusión de la Marquesa de Prado Ameno en la escena, se observa que los eventos se complican. El ama subraya la voz de la autoridad; su actitud arrogante le niega el habla al protagonista. Según ha explicado Muriel Saville-Troike, a nivel social la imposición del silencio puede funcionar rigurosamente como la superioridad de un grupo dominante sobre otro (14). La diferencia de clase, base del poder socio-lingüístico al que pertenece la Marquesa, conduce al silencio, una de las formas más severas del castigo (14). La mujer le pregunta si está muy apurado por la herencia puesto que ella era heredera forzosa de sus esclavos (63). Y a continuación, el autobiógrafo reproduce las palabras amenazadoras de la Marquesa, que también muestran la multiplicidad de discursos generados por la autobiografía:

en cuanto *buelvas a ablar* de la erensia te pongo donde no beas el sol ni la luna; marcha a limpiar las caobas (63, cursiva mía).

¿Por qué el autobiógrafo le ha cedido de nuevo la palabra a la pérfida Marquesa de Prado Ameno? Sugiero que el propósito de su concesión lingüística implica la formulación de dos actos de habla: la crítica y la censura respectivamente. La voz de un miembro del grupo dirigente sirve de comentario implícito a la explotación socio-económica en la colonia española.[13] Entre preguntas retóricas y mandatos, este personaje expresa su privilegio jerárquico al silenciar el discurso minoritario del esclavo afrocubano. Como miembro de la clase dominante, la Marquesa cumple así la función eurocéntrica del lenguaje cuya concepción refleja la tónica colonial de la época, al manifiestar el poderío de la cultura hegemónica en la sociedad cubana (y blanca) del siglo XIX. El discurso de la marquesa se centra en lo que Roberto González Echevarría ha llamado la "voz de los

---

[13] En dos ocasiones más se escucha brevemente la voz de la Marquesa en el texto. En ambas impera la retórica hegemónica de lav clase en el poder: 1) cuando Manzano pugna físicamente con un enemigo que le mienta la madre: "Conque si te lo buelbe a desir bolberas a fatar al respeto de mi casa" (60) y 2) cuando el esclavo vende a un platero la manilla por lo que va directamente preso al Molino, la finca de la familia Jústiz en Matanzas: "pues ahora sabras para que nasistes... tú no puedes disponer de nada sin mi consentimiento" (64).

dueños" (21).

El que relata hechos autobiográficos quiere que el público participe, consciente o inconscientemente, en la re/producción discursiva de sus experiencias vivenciales. La escritura antiesclavista cubana, y la de Manzano en particular, presupone la presencia de un destinatario abolicionista, copartícipe del "juisio sensato del hombre imparcial" (50). Por eso, en la *Autobiografía* se incluye al público en el episodio de la hojita de geranio donato, flor que el esclavo despedaza táctilmente mientras se entretiene recitando sus *versos de memoria* (51). Toma la palabra nuevamente la Marquesa de Prado Ameno quien, colérica al oler la fragancia de la malva, le cuestiona: ¿Qué traes en las manos? (51).

Concluída la anécdota del geranio, el esclavo enmudece ante el interrogatorio y deja que el lector especule sobre lo que está acaeciendo en el texto dirigiéndose directamente a él para que considere "ahora que noche pasaria" (52). No obstante su silencio, el uso del modo potencial deja sin confirmar la certeza del castigo lo que no ocurriría de haber usado el pretérito, siendo la elección del tiempo verbal por el autobiógrafo en gran medida un factor subjetivo.

Al terminar sin aclarar lo sucedido, Manzano se limita a emitir un breve comentario sobre la noche que pasó. Implícitamente, se refiere a la situación socio-histórica a la que se enfrentan las capas oprimidas por la esclavitud. Compromete de esta manera al lector para que tome una postura crítica e ideológica y se vea forzado a opinar sobre la injusticia hacia el esclavo. En última instancia, la influencia lingüística recae sobre el destinatario de la autobiografía y le toca a éste enjuiciar el resultado del evento que el autor no cuenta en su totalidad. Sólo ofrece una emotiva exclamación: "¡Oh Dios! corramos un belo por el resto de esta exena" (52).

El silencio subraya su incapacidad al derecho del habla. Sin embargo, la abstinencia lingüística refuerza un mensaje: la exposición crítica de las condiciones deplorables que les tocó vivir a Manzano y a tantos otros esclavos domésticos en el período decimonónico cubano.[14] La retórica del silencio posee una función

---

[14] Apunta Muriel Saville-Troike: "Silent communicative acts are

comunicativa puesto que sirve de protesta para manifestar un punto de vista o ideología socio-política. Esta retórica también ha sido comentada en otras obras y autores tan disímiles como las *Confesiones* de San Agustín y la poesía de Leopoldo Lugones.[15]

Entre voces y silencios, conviene reproducir el episodio del señor Silvestre, el joven mayoral que conduce a Manzano al cepo. El autobiógrafo informa que aquél le exige *silencio* (44) a María del Pilar para luego golpearla. La madre acude a la súplica, acto de habla con el que intenta salvar al hijo del castigo corporal. El empleo de la polaridad binaria ya aludido con anterioridad se nota de nuevo con la transformación que experimenta "de manso cordero en un leon" (44). Por medio de imágenes faunescas inscribe su persona a un breve autorretrato que resalta la rebeldía del esclavo ante el trato inhumano. El león tiene en sí una finalidad ideológica inmediata. El animal fortalece la simbología de la voz minoritaria que protesta para sancionar los abusos de los cánones de la España colonizadora. La subversión lingüística del "yo" en el discurso se convierte en el contradiscurso del esclavo ante el lenguaje del poder imperial (Kumbayanda 116-117).

La voz de María del Pilar se oye brevemente en la narración, y forma parte esencial del mencionado contradiscurso. El personaje intenta comprar la libertad de Manzano, hecho histórico que no se resuelve en la autobiografía. La emancipación del esclavo se logra cuando el grupo de intelectuales asociado a Domingo del Monte finalmente la consigue en 1835.[16] La madre se apodera del discurso: "ya tu ves que tu padre se ha muerto y tu vas a ser ahora el padre de tus hermanos" (53). En este ejemplo, se escucha a uno de los interlocutores solamente ya que Manzano silencia su "única

---

employed to interpret the meaning of what is not spoken as in interpreting the meaning of what is said" (6-7). Véase también Thomas J. Bruneau.

[15] Véase Joseph A. Mazzeo sobre San Agustín y Janice S. Moreno sobre la poética de Lugones, y consúltese además el trabajo de Ernst Kahn sobre de la función del silencio en la literatura.

[16] La fecha es cuando se libera de su última ama, María de Zayas. El rescate cuesta ochocientos pesos por lo que se le compromete al esclavo a que escriba sus memorias.

respuesta" con un "torrente de lagrimas" (53). Su juicio no se observa claramente y es imposible averiguarlo.

Silvestre, por otra parte, representa la voz de la autoridad y de la violencia en el discurso. El personaje se asemeja al sanguinario superintendente Mr. Austin Gore, retratado por el norteamericano Frederick Douglass en su autobiografía. Por lo que respecta al mayoral cubano, Manzano acude a la imagen auditiva para resumir el incidente de la siguiente manera:

> ...al oír estallar el primer fuetazo, combertido en leon en tigre o en fiera mas animosa, estube a pique de perder la vida a manos del citado Silvestre pero pasemos en silencio el resto de esta exena dolorosa (45).

Surge nuevamente la simbología faunesca del contradiscurso antiesclavista como práctica social y materialista de la escritura. A pesar de la ferocidad que el esclavo enmascara, decide silenciar el episodio ya que se encuentra prisionero de su propio lenguaje. En suma, con el silencio apela al contradiscurso del oprimido frente al opresor, acusado de abusos físicos. Por tanto, Manzano se ciñe a representar en forma de imágenes aquellos lances dolorosos más esenciales "como fuente o manantial de otras mil tristes visisitudes" (49).

Si bien es verdad que Manzano recuerda el apellido del señor Silvestre en la escena anterior, no es menos cierto que en otros incidentes silencia el nombre de los individuos con quienes tiene que bregar. El autobiógrafo confiere importancia a la construcción de sucesos históricos de los cuales selecciona pesonajes que pasan por su vida para hablar de ellos al lector. Al aceptarlo como narrador confiable, se deduce que es porque no recuerda los nombres. Asimismo, evita falsificar lo que la memoria no puede retratar gráficamente dentro de las limitaciones del lenguaje autobiográfico.

Casi al final de la *Autobiografía* un criado de la casa de la Marquesa de Prado Ameno proporciona la última oportunidad de comunicación dialógica en el libro. El personaje habla solamente dos veces en el discurso, y su voz de auxilio precipita la huída de Manzano que coincide históricamente con la primera Constitución de 1812 (49). El fin de la escritura autobiográfica desemboca en el símbolo del caballo. La noción de movimiento que el animal ofrece va paralelo a los deícticos *allí y allá*, y éstos apuntan hacia el espacio abierto de la libertad que Manzano anhela. De hecho, las palabras del criado implican la ruptura con el orden y el poder colonial: "hombre saca ese caballo de allí y ponlo allá para que esté al fresco... alli está la silla sin pistolera tú sabras donde está todo para cuando se nesesite (69).

Muchos años después, al contar la escena de la partida el autobiógrafo informa haber oído la última voz que el lector oye en el discurso: "Dios te lleve con bien arrea duro" (69). Indica que no logra identificar a la persona, aunque sí puede descodificar su mensaje al desearle éxito en la fuga. Así, pues, Manzano concluye la escritura cuando dice que pretende escribir una segunda parte de la *Autobiografía* la que se considera definitivamente perdida.

La autobiografía del esclavo decimonónico Juan Francisco Manzano ha sido asociada al valor testimonial que el género ofrece. Este ensayo la enfoca desde una perspectiva lingüística, tomando en consideración la posición del autor frente a su propio lenguaje y condición de esclavo lo que se lleva a cabo mediante la presencia (voces) y la ausencia (silencios), tropos afines a la modalidad autobiográfica. Aún más, el silencio viene a ser una metáfora de impotencia a la vez que se convierte en arma. He propuesto una lectura diferente de la literatura antiesclavista que permita indagar los mecanismos de la lengua usados no solamente por Manzano, sino además por su hermano afroamericano Frederick Douglass, y por tantos otros autores afrohispanos.

FLORIDA SOUTHERN COLLEGE

Obras citadas

Barthes, Roland. *El grado cero de la escritura*. Trad de Nicolás Rosa. Buenos Aires: Siglo XXI Editores, S. A., 1973.
Benveniste, Émile. *Problems in General Linguistics*. Miami: U of Miami P, 1971.
Blassingame, John W. "Black Autobiography As History and Literature." *Black Scholar* 5 (Diciembre 1973): 2-9.
Brignano, Russell C. *Black Americans in Autobiography*. Durham, N. C.: Duke U P, 1984.

Bruneau, Thomas J. "Communicative Silences: Forms and Functions." *Journal of Communication* 23 (1973): 17-46.

Bueno, Salvador. "La narrativa antiesclavista en Cuba de 1835 a 1839." *Cuadernos Hispanoamericanos* 451-52 (1988): 169-86 .

de Man, Paul. "Autobiography as De-facement." *MLN* 94 (1979): 919- 32.

Douglass, Frederick. *Narrative of the Life of Frederick Douglass, An American Slave, Written by Himself.* Garden City: Doubleday, 1963. (Versión original: Boston: Anti-Slavery Office, 1845).

Figueroa, Esperanza. "Manzano, Heredia y un fraude histórico." *Círculo* 19 (1990): 23-29.

Gates Jr., Henry Louis. *Figures in Black: Words, Signs and the "Racial" Self.* Nueva York: Oxford U P, 1987.

González Echevarría, Roberto. *The Voices of the Masters: Writing and Authority in Modern Latin American Literature.* Austin: U of Texas P, 1985.

Jackson, Richard L. "Slavery, Racism and Autobiography in Two Early Black Writers: Juan F. Manzano and Martín Morúa Delgado." *Voices from Under: Black Narrative in Latin America and the Caribbean.* Ed. W. Luis. Westport: Greenwood Press, 1984, 55-64.

Jakobson, Roman. *Ensayos de lingüística general.* Trad. de Josep M. Pujol y Jem Cabanes. Barcelona: Seix Barral, 1981.

Kahn, E, "Functions of Silence in Life and Literature." *Contemporary Review* 194 (1958): 204-206.

Kripke, Saul A. "Naming and Necessity." *Semantics in Natural Language.* Ed. Donald Davidson y Gilbert Harmans. Dordricht, Holland: D. Reidel Publishing Co., 1972.

Kubayanda, Josephat Bekunuru. "Minority Discourse and the African Collective: Some Examples from Latin American and Caribbean Literature." *Cultural Critique* 6 (1987); 113-30.

Leante, César. *Dos obras antiesclavistas cubanas."* Cuadernos Americanos 207-209, no. 4 (1976): 175-88.

Lezama Lima, José. *Antología de la Poesía Cubana* I. La Habana: Consejo Nacional de Cultura, 1968.

Luis, William. *Literary Bondage: Slavery in Cuban Narrative.* Austin: U of Texas P, 1990.

Manzano, Juan Francisco. *Autobiografía, Cartas y Versos de Juan Francisco Manzano.* Ed. José Luciano Franco. La Habana: Municipio de La Habana, 1937.

Manzano, Juan Francisco. *Autobiografía de un esclavo.* Ed. Ivan Schulman. Madrid: Ediciones Guadarrama, 1975.

Mazzeo, Joseph A. "St. Augustine's Rhetoric of Silence." *Journal of the History of Ideas* 23 (1962): 175-96.

Molloy, Slyvia. "From Serf to Self: The Autobiography of Juan Francisco Manzano." *MLN* 104 (1989): 393-417.

Moreno, Janice, S. "Silence in the Poetry of Leopoldo Lugones." *Hispania* 46 (1963): 760-63.

Mullen, Edward J. *The Life and Poems of a Cuban Slave*. Hamden, CT: Archon Books, 1981.

Renza, Louis. "The Veto of the Imagination." *New Literary History* 9 (1977): 1-26.

Salgado María. "Mirror and Mirrages: Refractions in the Self- Portrait." *Selected Proceedings: 32nd MIFLC* (1984): 285-91.

Searle John R. *¿Qué es un Acto de Habla?* Trad Luis Valdés Villanueva. Valencia: Teorema, 1977.

Saville-Troike, Muriel. "The Place of Silence in an Integrated Theory of Communication." *Perspectives on Silence*. Ed. D. Tannen y Muriel Saville-Troike. Norwood: Ablex, 1985, 3-18.

Starling, Marion Wilson. *The Slave Narrative*. Boston: G.K. Hall and Co., 1981.

Towns, Saundra. "Black Autobiography and the Dilema of Western Artistic Tradition." *Black Books Bulletin* (1974): 17-23.

Willis, Susan. "Crushed Geraniums: Manzano and the Language of Slavery." *The Slave's Narrative*. Ed. Charles Davis y Henry Louis Gates, Jr. Oxford: Oxford U. P., 1985, 199-224.

Yates, Frances A. *The Art of Memory*. Chicago: U of Chicago P, 1966.

En torno a la focalización en un hipotexto de Nelson Estupiñán Bass
Millicent Bolden

La primera novela de Nelson Estupiñán Bass, *Cuando los guayacanes florecían* (1954), se presenta dentro del contexto histórico de la revolución conchista que ocurrió en el Ecuador entre 1913 y 1916. Además de sus temas psicológicos, sociales, regionales y universales, esta novela revela una compleja estructura narrativa, basada en el uso de múltiples niveles de focalización y de narración. Encajadas en las focalizaciones del narrador externo, las focalizaciones internas de *Cuando los guayacanes florecían* son muchas y variadas. De entre estas expresiones diversas, mi estudio se concentra en las utilizadas en un capítulo paradigmático, titulado "El Pelacara." Como microtexto, este capítulo es un reflejo intenso y sostenido de las técnicas narrativas del macrotexto. Sin embargo, antes de entrar en el análisis de dicho capítulo, conviene resumir los principios básicos del concepto de focalización.

Como técnica narrativa el concepto de focalización fue introducido por Gérard Genette en 1972 para distinguir entre "el 'foco de narración' (¿quién escribe?) y el 'foco de personaje' (¿quién ve?)" (*Recent Theories of Narrative* 143. Todas las traducciones son mías). Posteriormente este concepto ha sido ampliado y refinado por Mieke Bal (1977) y Shlomith Rimmon-Kenan (1983).

La técnica de narración se refiere a la transmisión verbal de los sucesos narrativos y el agente de dicha transmisión es el narrador. En contraste, la técnica de focalización se refiere a la percepción de los sucesos narrativos y el agente de esta percepción es el focalizador. Aunque un determinado agente narrativo puede ser tanto el que relata como el que percibe lo narrado, el caso no es siempre así. Muchas veces un narrador no revela sus propias percepciones, sino las de un personaje o personajes dentro del texto. Cuando el narrador es también el perceptor de los sucesos narrativos, se le llama un focalizador externo. Pero si, por el contrario, el perceptor es un personaje, se le llama un focalizador interno.

Tanto el acto de narración como el acto de focalización tienen un sujeto y un objeto. Con respecto a la narración, los componentes son el narrador y lo narrado. En términos de la focalización, los componentes son el focalizador y lo focalizado. Según Mieke Bal, hay dos clases de objetos focalizados, los que pueden ser percibidos por otros observadores, y los que sólo pueden ser percibidos por el focalizador y los que tienen acceso a su conciencia. Mientras la primera clase incluye los objetos del mundo físico, la segunda clase incluye los del mundo psicológico como "sueños, fantasías, pensamientos y sentimientos" (*Narratology* 109). En este estudio se considera la primera clase objetos físicamente focalizados y la segunda objetos psicológicamente focalizados.

En tanto que la narración y la focalización se relacionan con la manera en que se presentan los sucesos narrativos, los niveles de narración y de focalización tienen que ver con la posición temporal y espacial del narrador y del focalizador con respecto a lo narrado y lo focalizado. Siguiendo a Gérard Genette, Mieke Bal y Shlomith Rimmon-Kenan, se puede señalar tres niveles básicos de narración: el nivel fuera de la historia, o el primer nivel; el nivel de la historia, o el segundo nivel; y el nivel dentro de la historia, o el tercer nivel. El primer nivel, o el nivel extradiegético, es el lugar del narrador externo o del narrador-personaje. Indica, por lo tanto, su tiempo y espacio de narrar en contraste con el tiempo y muchas veces con el espacio de la historia narrada. El segundo nivel, o el nivel intradiegético, es el lugar temporal y espacial de la historia misma. Presentado por el narrador extradiegético, el nivel intradiegético incluye los diálogos, monólogos, pensamientos, sentimientos, y acciones de los personajes dentro de la historia. El tercer nivel, o el nivel hipodiegético (llamado metadiegético por Genette), puede referirse a una historia contada por un personaje dentro de la historia narrada en el segundo nivel. También este tercer nivel abarca lo que dicen, piensan, sienten y hacen los personajes dentro de esta esfera narrativa o hipotexto, empleando la terminología de Mieke Bal (*Narratologie* 35).

En teoría, el nivel hipodiegético puede ser extendido indefinidamente. Un nivel hipo-hipodiegético, por ejemplo, o el cuarto nivel, se referiría a una historia contada por un personaje en el nivel hipodiegético. También indicaría los actos enunciativos, pensamientos y acciones de los personajes dentro de la historia contada por dicho personaje. Como observa Shlomith Rimmon-Kenan, "tales narrativas dentro de narrativas crean una estratificación de niveles en la cual cada narrativa interna está subordinada a la narrativa dentro de la cual está encajada" (91).

Como ya se ha notado, los niveles de narración tienen niveles paralelos de focalización. Por eso, la focalización también puede ser encajada. De ahí que Mieke Bal sugiera que un focalizador puede focalizar a otro focalizador focalizando. Según Bal, entonces, se puede asumir "un primer nivel de focalización (F1) en el cual el focalizador es externo. Este focalizador cede la focalización a un focalizador interno, [que es] el focalizador en el segundo nivel (F2)" (*Narratology* 112). El focalizador en el segundo nivel (F2), el focalizador intradiegético, también puede ceder la focalización a un tercer nivel (F3). Este focalizador hipodiegético, en turno, podría pasar la focalización a un cuarto nivel (F4), y así sucesivamente.

Por ejemplo, un narrador externo puede narrar lo siguiente: "Juan recordó que el mismo había visto al señor Leverette llegar a casa anteayer a las seis de la mañana." Desde el nivel extradiegético, el narrador focaliza a Juan; y, a continuación, Juan, el personaje en el nivel intradiegético, se focaliza a sí mismo por medio de la memoria en ese momento anterior. Por último, en el nivel hipodiegético, Juan, al tiempo de la experiencia misma, focaliza visualmente la llegada del señor Leverette. Mieke Bal lo explica así: "Hay encajamiento cuando un objeto narrativo [en estos casos, Juan a la hora de recordar y Juan a la hora de lo recordado] se convierte en el sujeto del siguiente nivel" (45). Sin embargo, como se demuestra a continuación, es importante añadir que el encajamiento también puede ocurrir cuando un objeto narrativo se convierte en sujeto de focalización dentro del mismo nivel.

En el texto de Estupiñán Bass, el personaje Ercilio Sánchez, también conocido como el "pelacara," aparece por primera vez en el Capítulo IV, titulado "En todas partes es lo mesmo." La acción comienza después de la victoria de los conchistas en un lugar conocido como El Mango. El "pelacara" se presenta como un compañero de armas y amigo inseparable de Alberto Morcú, entre cuyas víctimas en la batalla de El Mango estuvo el serrano, Gabriel Simbaña. Por medio de una carta encontrada en el cuerpo de Simbaña, Ercilio Sánchez descubre con Alberto Morcú que la pobreza y las injusticias inherentes en el sistema de concertaje[1] no respetan límites geográficos.

Ercilio Sánchez es un personaje compasivo que es más bien la víctima que el arquitecto de sus trágicas circunstancias vitales. Lamenta como Alberto Morcú la muerte del ex-peón, Gabriel Simbaña, y muestra solidaridad con lo que cree que son los ideales de la revuelta. Sin embargo, y a pesar de esta perspicaz delineación del personaje, en el capítulo que lleva su nombre el "pelacara" está más vívidamente retratado.

A diferencia de los otros casos del encajamiento de narración en la novela, la narración encajada de Ercilio Sánchez es implícita en vez de explícita. La voz del narrador es la única voz inscrita en la estructura superficial del texto. No obstante, puesto que la situación intradiegética puntualiza que Ercilio Sánchez le narró su historia a Alberto Morcú (como se verá más adelante), y que esta narración contiene los actos enunciativos de los personajes hipodiegéticos, se puede extraer la voz de Ercilio Sánchez de la estructura profunda de esta historia encajada. Sin embargo, antes de comenzar el estudio de las narraciones implícitas de Ercilio Sánchez y sus focalizaciones explícitas, es importante mencionar una serie de términos que son indispensables para el análisis del texto.

En *Transparent Minds: Narrative Modes for Presenting Consciousness in Fiction* (1983), Dorrit Cohn enumera tres métodos para la presentación de la vida interior de los personajes dentro del llamado contexto de la narración de la tercera persona. Estos son la

---

[1] Una especie de servidumbre semiperpétua basada en la cancelación teórica de deudas.

psiconarración, o "el discurso del narrador sobre la conciencia de un personaje"; el monólogo citado, o "el discurso mental del personaje"; y el monólogo narrado, o "el discurso mental del personaje so pretexto del discurso del narrador" (14).

Mientras la psiconarración se caracteriza por el uso de sustantivos y verbos de conciencia para reflejar los estados psicológicos de los personajes; el monólogo citado, con comillas o sin ellas, es una transcripción directa del estado psicológico del personaje. Por su parte, el monólogo narrado es la transcripción por el narrador de los pensamientos de un personaje. Adaptado de *Transparent Minds*, el siguiente esquema (en que PN=psiconarración; MC=monólogo citado; y MN=monólogo narrado) ilustra las diferencias entre los tres modos para presentar las mentes ficticias:

PN	*MN*	*MC*
		(El pensó)
Sabía que llegó tarde.	Llegó tarde.	Llego tarde.
Sabía que había llegado tarde.	Había llegado tarde.	Llegué tarde
Sabía que llegaría tarde.	Llegaría tarde.	Llegaré tarde.
Se preguntó si llegaba tarde.	¿Llegaba tarde?	¿Llego tarde?

Como observa Dorrit Cohn, el monólogo narrado "gramaticalmente se sitúa entre las otras dos formas, compartiendo con el monólogo citado, la expresión en la cláusula principal, [y] con la psiconarración el sistema temporal y lo referente a la tercera persona" (105). Conviene añadir además que el término *estilo indirecto libre* incluye la expresión de los pensamientos en forma narrada. Sin embargo, Dorrit Cohn prefiere el término *monólogo narrado* porque no abarca "la presentación análoga del discurso hablado"(109) que se obtiene también en la acepción del estilo indirecto libre.

El Capítulo V, "El pelacara," comienza con la presentación

panorámica, por el narrador-focalizador externo, del campamento rebelde después de una suntuosa comida: "A media tarde la mayoría de los 'conchistas' dormían bajo la sombra de los árboles. Unos pocos se bañaban en el río" (84). Entonces, este mediador externo reduce su foco panorámico de los soldados en general a tres hombres en particular:

> Alberto Morcú, el "pelacara" y el curandero se acostaron bajo la sombra de un chíparo, casi al filo del barranco. La creciente continuaba fuerte. El "pelacara" sacó una botella de aguardiente, y los tres se pusieron de beber. (84-85)

Mientras Alberto Morcú comienza a narrar su vida dentro del sistema de concertaje, el curandero se duerme. Por consiguiente, cuando Ercilio Sánchez cuenta su viaje al pasado, le escucha una sola persona. Después de un breve intercambio entre Alberto Morcú y Ercilio Sánchez en el segundo nivel, el narrador-focalizador prepara la transición a la historia de la vida de Ercilio Sanchez:

> Cuando la botella del "pelacara" se hubo terminado, Morcú extrajo la suya. Y Ercilio Sánchez, "pelacara" de Limones, prófugo de la justicia, convertido en soldado 'conchista' por obra de la casualidad, le contó su vida en Limones. (85)

El verbo "contó" sirve de signo de enlace (Bal, *Narratology* 112) para indicar al narrador implícito (el focalizador en el nivel intradiegético) y la transición al hipotexto. En su presentación de la historia de su vida, Ercilio Sánchez es el principal focalizador o perceptor de los sucesos narrados. Sin embargo, hasta las últimas secciones de su historia, el narrador extradiegético funciona como el relator explícito de estos hechos. La técnica de psiconarración se emplea mientras el narrador extradiegético comienza su descenso al nivel hipodiegético y focaliza a Ercilio acordándose de la primera vez que Ercilio el niño (su "doble" a la hora de lo recordado) había visto o participado en el derramamiento de sangre inocente: "No recordaba exactamente desde cuándo había visto correr la sangre. Eran recuerdos borrosos, obscurecidos por los años" (85). Puesto que el lector se da cuenta de que Ercilio le narró su historia a Alberto, es evidente que Ercilio mismo es el narrador en el segundo nivel, contándole a su oyente que él no se acordaba de los comienzos precisos de su entrada en el mundo del crimen.

Superpuesto a esta psiconarración está el suceso intradiegético de Ercilio Sánchez narrando su vida a Alberto Morcú, y la aceptación convencional del lector de que lo que se narran no son los pensamientos mudos de este personaje, sino sus palabras. En este sentido, se puede considerar que el narrador presenta por medio del estilo indirecto libre las palabras en vez de los pensamientos de Ercilio Sánchez. Aunque el texto sólo presenta el discurso del narrador externo y sirve de punto de partida para mi análisis, conviene recalcar que este contexto narrativo es el substrato desde el cual se extrae el papel narrativo de Ercilio Sánchez.

En "Notes on Narrative Embedding," Mieke Bal emplea la siguiente anotación, en que N=narrador, F=focalizador, los números 1,2,3 . . . x=niveles de narración y de focalización, respectivamente; e [ ] indica la presencia de focalizadores y/o de narradores encajados (46). Adaptando esta anotación y añadiendo tres símbolos más: una flecha → para indicar la focalización, y las letras "O" y "s," para señalar el objeto de focalización y la pluralidad, respectivamente, el pasaje anterior puede ser anotado en la siguiente manera: N1F1[(N2)F2 [F3]] →O3, en que N1F1 se refiere al narrador-focalizador, (N2) se refiere a Ercilio Sánchez, el narrador implícito, F2 indica a Ercilio Sánchez, el personaje en el nivel intradiegético, y [F3] equivale a Ercilio el niño, y O3s, "los recuerdos borrosos" de Ercilio.

En el hipotexto hay secciones alternativas de narración y de diálogo. En aquella noche fatídica de la iniciación de Ercilio en un pacto de sangre con su padre, el narrador relata:

> Habían terminado de comer el "tapao" de pescado. Ercilio se sentía lleno y pesado.... Allí estaba la canoa del pulgande, dejándose acariciar por la corriente.... Cuando subió de la orilla, el padre le dijo:
> —¡Tate listo! Después de un rato nos vamos...
> —¿Pa onde, taita?
> —¿Pa onde? ¡So preguntón! ¡Vamos a la trocha! (86)

Momentos más tarde el lector se entera de que el sujeto implícito de la primera oración en la cita anterior, "ellos," se compone del niño Ercilio, su madre Eulalia y su padre. En contraste con la primera parte de la cita en la que se emplea la técnica de psiconarración ("Ercilio se sentía lleno y pesado") cuyo enfoque es el estado físico del niño, en la segunda parte se centra en su contacto visual y auditorio con la canoa en el agua. El adverbio deíctico "allí" recalca aún más la perspectiva del niño focalizador, quien otra vez oye las palabras de su padre.

Mientras se mantienen las mismas relaciones entre los agentes de narración y de focalización arriba citadas, el acto de focalización en sí se filtra por más amplias modalidades de percepción como lo son la visión, la audición y la sensación. A pesar de que el hipotexto mismo es un objeto psicológicamente focalizado, es decir filtrado por los recuerdos de Ercilio el adulto (N2)F2 y Ercilio el niño F3, contiene una plétora de objetos físicamente focalizados, tal como sus padres, la canoa, los canaletes, el hacha, el arpón y la comida.

El hipotexto se caracteriza por un ambiente de tensión y suspenso que proviene de la perspectiva del sumamente espantado focalizador hipodiegético:

> El muchacho sintió un estremecimiento de terror. Sabía ya que se iba a ese lugar para cazar alguna persona. Sabía que había que permanecer en acecho, silenciosamente, durante algunas horas.
> Luego había que arponear la víctima. También sabía el resto." (86)

El "resto" que es conocido por los focalizadores internos y va a ser descubierto por el lector y el oyente intradiegético (Alberto Morcú) contribuye al tono de ansiedad del hipotexto, proyectado ya por el conocimiento de un homicidio inminente.

Más tarde cuando un cruelmente golpeado y aterrorizado Ercilio se agarra a su madre esperando evitar volverse cómplice al robo, homicidio y mutilación de un ser humano, ella le pregunta a su marido por qué ha castigado al niño. Pero cuando su esposo la amenaza con el mismo trato, doña Eulalia también se convierte en focalizadora encajada:

Doña Eulalia recordó las terribles "planizas" que sin mayores motivos le daba siempre el viejo. Ercilio también las recordó. El viejo, furioso por cualquier cosa que le parecía mala, desenvainaba su "peinilla," y diez, quince, veinte o más veces azotaba el cuerpo envejecido de la negra. (88)

Las "planizas" y la imagen del furioso señor Sánchez experimentadas o atestiguadas por los complementos hipo-hipodiegéticos de doña Eulalia y Ercilio se sitúan por igual al cuarto nivel. Con la anotación "O4" refiriéndose al recuerdo como focalizado en conjunto, se obtienen los siguientes componentes: doña Eulalia (F3c) recuerda cuando ella (F4c) recibió las "terribles planizas" (O4a) de su marido (O4b) en un momento temporalmente más lejano que el hipotexto mismo. Igualmente, la estructura profunda de la oración "Ercilio también las recordó" sigue el mismo modelo. O sea, Ercilio (F3a), al punto de irse en la canoa, recordó cuando Ercilio (F4a), en un período anterior, presenció las "terribles planizas" (O4a) que su padre (O4b) le dio a su madre.

Cuando Ercilio y su padre salen para las ensenadas del pantano, doña Eulalia sirve de nuevo como focalizadora hipodiegética: "Después de un rato partieron. La negra se asomó a la ventana y estuvo viendo la canoa hasta cuando se perdió en una curva del estero" (88). Padre e hijo ahora fusionados con su navío se transforman en un objeto físicamente focalizado (O3s). Claro está que la observación de la madre implica una observación recíproca de su hijo, Ercilio el niño, focalizada por el prisma de la memoria de Ercilio el adulto.

En los pasajes siguientes, las técnicas de psiconarración y de monólogo narrado están yuxtapuestas para reflejar el deseo creciente de Ercilio de escapar un aprendizaje de homicidio y pillaje. Como es típico de la psiconarración, el primer pasaje se caracteriza por el uso de verbos de conciencia que subrayo para dar énfasis:

Se acordaba Ercilio (F2) que durante todo el trayecto (F3) *había ido pensando* en la fuga. Cuando empezaron a brotar las estrellas en el cielo, (F3) *creyó* que había llegado el momento esperado. (F3) *Veía* claramente las orillas. (F3) *Conocía* perfectamente los caminos. Pero su padre iba en la popa de la canoa. (88)

Cambiando a la técnica más drámatica de monólogo narrado en el segundo pasaje, los narradores y los focalizadores continúan expresando el temor de Ercilio (F3) de que cualquier intento de huida pudiera traerle la muerte a manos de su despiadado padre: "¿No sería capaz de arponearlo apenas se arrojara de la canoa? Si había matado a tantos otros, ¡qué le importaba matar a uno más!" (88).

Ercilio (F3) se deja llevar por sus pensamientos y temores a tal extremo que se descuida de los remos. Cuando su padre le reprende, Ercilio se sumerge aún más en su mundo interior como se muestra en las siguientes líneas de monólogo narrado:

> ¡Cómo odiaba entonces a su padre! ¡Cómo deseaba que algo grave ocurriera! ¡Cómo habría agradecido al cielo si la canoa se hubiera volcado! Y tal vez si alguien hubiera matado a su padre en ese instante dejándolo en libertad para que pudiera escoger su destino, antes de que estuviera manchado, también se lo habría agradecido. (89)

No obstante su manera de sentir, Ercilio no se escapa. Al acercarse al lugar del homicidio en una zona aislada del manglar, avanzan por un espacio que parece un locus amoenus nocturno. La calma penetrante, el silencio virtual, la infinita oscuridad estrellada arriba y las aguas saturninas abajo contribuyen a la ansiedad del momento, mientras el miedo creciente (O3) de Ercilio (F3) se focaliza:

> La canoa recibía ya las caricias de las olas que entraban por el brazo. Se internaron luego por una trocha casi cerrada. Había un remanso completo. Arriba, los manglares de uno y otro lado tocaban sus ramajes, como besándose. El viento silbaba alegremente. Unas pocas estrellas estaban caídas en el fondo tranquilo de otra trocha cerrada por una pequeña palizada. Se veía resplandeciente la cinta de la trocha por la cual avanzaban. Bogaban sin dirigirse la palabra, como dos extraños. (89-90)

Al segundo nivel, Ercilio (el focalizador intradiegético (F2) recuerda las percepciones del pequeño Ercilio (el focalizador hipodiegético F3) de aquel horroroso sitio en el manglar en un momento específico. Al tercer nivel, el niño Ercilio se fija en el temor y aislamiento de ese tan breve pero interminable período de tiempo entre la inocencia y su pérdida.

Cuando llegan al punto apropiado, el padre se hunde en las aguas turbias del manglar para esperar a su presa humana. En este momento el señor Sánchez hace el papel de focalizador hipodiegético, cuya focalización está encajada en la de su hijo (también situado en el tercer nivel):

> El viejo se agazapó en cuclillas tras el mangle, (F3b) observando la cinta plomiza de la trocha. El muchacho, de mal modo, después de un rato hizo lo mismo. Hundidos los pies en el terreno fangoso, mortificados por nubes densas de "mantas," "clavos" y "zancudos," (F3a and F3b) esperaron largo tiempo. Ercilio, cansado ya, se movió. (90)

Después que su padre le avisa que se mantenga quieto como un muerto si no quiere ser capturado y mandado al panóptico, Ercilio se queda paralizado por el pavor y se lanza en una serie de pensamientos sobre ese lugar espantoso:

> Ercilio sintió otro sacudón de terror. El "panáutico," para él y muchos era peor que el infierno. Allá el frío mataba a los presos. Los guardianes perversos les molían a palos el cuerpo de los negros. A media noche los hacían trotar desnudos en el patio, hasta hacerlos quedar tendidos muertos en el suelo. (90)

Sintiéndose entre la espada y la pared, Ercilio decide que no le queda otro remedio que abandonar su sueño de hacerse herrero y convertirse al contrario en un odiado y temido corsario de los manglares.

Más adelante, enmarcado entre los actos enunciativos del señor Sánchez y las focalizaciones de éste y su hijo, el narrador relata la localización de la confiada víctima:

> —¡Ahí como que viene uno! ¡Tate listo! Ercilio se levantó. (F3a) ¿Qué iba a hacer? ¿Qué debía hacer? No lo sabía. El viejo lo tomó de la pretina.
> —No te movás... Esperá... —díjole irguiéndose lentamente. (F3b)Observó. Luego el viejo y el muchacho se encuclillaron

nuevamente.

Una canoa avanzaba en la trocha. Se percibía ya el rumor de las olas que empujaba al avanzar.... La canoa estaba frente a ellos, a pocos pasos de distancia. Agazapados, inmóviles como si fueran piedras, pegados al manglar como una parte del árbol, permanecieron. Era un hombre solo. Lo vieron claramente. (91)

Emergiendo del agua como un cocodrilo a cámara lenta, el padre de Ercilio, focalizando a la víctima, es focalizado a su vez por su hijo hipodiegético, quien es focalizado por su doble, Ercilio el adulto que dentro del contexto intradiegético está narrándole la historia de su vida a Alberto Morcú bajo la sombra de un chíparo en el campamento rebelde.

Finalmente la víctima cae en la trampa y antes de darse cuenta es herido mortalmente por el arpón del señor Sánchez. El hecho de que Ercilio remata al moribundo nunca se relata en el texto. Sólo se revela la vacilación inicial del focalizador joven y el resultante gozo que experimenta su padre después de quitarle los "billetes" y la "plata blanca" al difunto.

Los recuerdos de Ercilio de aquella noche fatal comienzan a desintegrarse en una serie de episodios concéntricos presentados rápidamente: el "pelar" la cara de la víctima para que no sea identificada; el atar piedras al cuerpo desentrañado; el sumergir el cadáver en las aguas del manglar; la vuelta a casa; el terror en los ojos de la madre al ver a su hijo cubierto de sangre; y la culpabilidad todopoderosa que comparten padre e hijo.

Cuando resume el diálogo con Alberto Morcú, Ercilio le cuenta su fuga de Limones. Por desgracia, sin embargo, no hay sitio adonde la mala fama de su familia no le haya precedido. La única manera de sobrevivir fue regresar a su padre, al manglar, y a la vida del pelacara. Al terminar la narración, Ercilio y Alberto se comprometen a luchar para que las generaciones venideras no tengan que ser ni "conciertos" ni "pelacaras." Ahora el narrador recoge de lleno el hilo narrativo y relata que se oyen disparos y que los soldados rebeldes se arman y se ponen a cubierto. Un poco después se revela que Ercilio muere de un balazo al cerebro mientras el capítulo acaba durante el renovado combate.

En relación con la novela en conjunto se puede señalar tres

funciones que cumple este hipotexto. En un plano, su escenario de los manglares del Ecuador refuerza los fondos regionales y telúricos de la obra. En otro plano, reintroduce el motivo del panóptico que se repite por todo el espacio narrativo. Es el espectro mismo del panóptico que inspira el escape de la prisión en que están metidos los protagonistas Alberto Morcú y Juan Cagua. Además, el panóptico es el lugar donde está encarcelado el tercer protagonista, Pedro Tamayo. Finalmente, el hipotexto de la historia de Ercilio Sánchez sirve de contraste con el epígrafe de la novela tomado de la *Historia de la república* de Oscar Efrén Reyes sobre el elemento criminal entre los conchistas. Aunque los actos de Ercilio Sánchez en las trochas de Limones le califican de criminal, se presenta como un personaje mucho más humano y sensible que los elementos oficialmente no criminales de las fuerzas del gobierno. Mientras que es el padre de Ercilio quien le fuerza a ser "pelacara," muchos soldados del gobierno violan, saquean y destruyen por su propia voluntad so pretexto de restablecer el orden provincial. En efecto, cuando Ercilio Sánchez se alista entre los conchistas ya ha dejado de ser "pelacara" después de haber huído antes a Colombia. Cuando regresa a Ecuador se incorpora a los conchistas para evitar ser capturado por las autoridades que buscan a todos los "pelacaras" actuales y antiguos.

Como microtexto, la historia hipodiegética de Ercilio Sánchez refleja el macrotexto en el cual está encajada. En ambos hay complejas focalizaciones múltiples. En ambos, narradores y personajes sirven de focalizadores. En ambos, se recurren a las técnicas de psiconarración y monólogo narrado, aunque el macrotexto también incluye el monólogo citado. Por medio de estas semejanzas, el microtexto emerge igual que el macrotexto como una imagen filtrada por muchas voces y muchas perspectivas de una visión del litoral ecuatoriano en un momento dado "cuando los guayacanes florecían."

THE UNIVERSITY OF DELAWARE

Obras Citadas

Bal, Mieke. *Narratologie: Essais sur la signification narrative dans quatre romans modernes*. Paris: Klincksieck, 1977.

——, *Narratology: Introduction to the Theory of Narrative*. Trans. Christine van Boheemen. Toronto: Univ. of Toronto Press, 1985.

——, "Notes on Narrative Embedding." *Poetics Today* 2.2 (1981): 41-59.

Cohn, Dorrit. *Transparent Minds: Narrative Modes for Presenting Consciousness in Fiction*. Princeton: Princeton UP, 1978.

Estupiñán Bass, Nelson. *Cuando los guayacanes florecían*. Quito: Casa de la Cultura Ecuatoriana, 1954.

Genette, Gérard. *Figures III*. Paris: Editions du Seuil, 1972.

Martin, Wallace. *Recent Theories of Narrative*. Ithaca: Cornell UP, 1986.

Rimmon-Kenan, Shlomith. *Narrative Fiction: Contemporary Poetics*. London: Methuen, 1983.

Il passaggio: An Autobiographical Novel by Sibilla Aleramo
ANNA GRIMALDI MOROSOFF

> Un filo di canto, un filo di canto che mi dica di essenze senza nome, di essenze solamente, senza spiegazione! (61)

THE ABOVE QUOTATION EXPRESSES the artistic aim of Il passaggio,[1] one that leaves little room for realistic detail. Were we not already acquainted with the writer's biography, the events of Aleramo's life would be practically impossible to identify in this book. And yet the autobiography would not suffer in the least. We would understand it better, perhaps, if we renounced to identify what the author has preferred to leave unnamed, as "quel che importa non e nominare, e mostrare le cose" (12).

Without the aid of biographical information a sequential progression of events can be only approximately established in this work and intersubjectively available motivations for actions cannot be discovered. The unity of the work rests solely upon the coherence of its thematic structure.[2] The themes emerge from clusters of motifs which, although interspersed throughout the text, constitute units of meaning when grouped together by the reader. As the

---

[1] All quotations from *Il passaggio* are from the edition by Serra and Riva, Milan 1985. This edition is reprinted from the 1919 Treves edition.

[2] I define themes to be what Eugene H. Falk calls "ideas" with which textual elements are pregnant within their contextual, structural coherence" *(Topics* 3)

author shifts from one kind of event to another, from one narrative tense to another, from speaking about herself (as Sibilla[3]) in first or third person to addressing various interlocutors, the themes which emerge through the materially diverse motifs contribute to the formation of a pattern which continues to acquire definition in spite of the changes and the multiple branchings which exist in the text.

The emergence of a pattern reveals a number of main themes: love, silence, solitude, courage, and the relationship between life and art. It reveals also that in this book which speaks almost exclusively about love, the most significant experience is one of solitude. The theme of love, which will be discussed first, will introduce all the others. It is Aleramo's belief that the first ill of humanity, from which all others derive, has its roots in the flawed relationship between the sexes. The failure of this primary relationship sends its waves down the whole fabric of society. When she speaks about love, Aleramo distinguishes between what love is and what it could be. What it is, and often remains, is a recognition of possibilities, a beginning: "Amo quel che tu puoi divenire se credi in me" (28); "Amore, speranza di miracolo! Potenza in te dormiente, perpetua attesa del tuo risveglio!" (29); "fummo una sola certezza, una sola prodigiosa attesa" (95).

Aleramo envisions a relationship in which each accepts the reality of the other, in perfect equality, and each actively attempts to recognize and to overcome the difficulties which arise from their individual differences. Differences must not be considered obstacles, but as essential to this relationship, this common creation of man and woman for the good of all. At the beginning of her union with Andrea she comments, "mi parve allo spirito ricominciar davvero la storia umana,... ricominciar con la nostra redenta coppia" (46-7). But man rejects the possibility. He believes that he is spirit and woman is nature, and regards sexuality as only a whirlpool in the river of his spirituality, a "sordido gorgo della vita fisica nel mezzo del fiume della sua spiritualita" (87). And by denying the flesh he increases its

---

[3] As the protagonist is identified as Sibilla, I will at times use this name in the course of my discussion. This should not be mistaken with the name of the author, to whom I always refer to as Aleramo.

power over himself. Sibilla wishes that man would look at her and follow her example. She, who is supposed to be nature, has approached the spirit and has not died.

Sibilla realizes that what man fears and denies is life. He believes that truth and life are incompatible, "chi vuole la verita non vuole la vita." But she can see further:

> Magnifico il dettame virile, loico e stoico. O come dunque fervono tuttora le vie terrestri? Negli occhi di Sibilla non puo essere cinismo. Voler il miracolo, ecco la virtu perenne. Non morire, di la d'ogni conoscenza. (87)

Il passaggio makes the point that because the life-power is stronger in them, women can afford to exercise greater humility and to serve life in greater measure than men do. The life-power manifests itself primarily through love. But not only through physical love, which is the voice of life that "clama nel nostro sangue" (27). Physical unions are ultimately anonymous and actually mark the end of dialogue as each partner seeks the self, "esprimevamo, irresistibilmente, ciascuno per sé, la propria nuda verita" (33). The mystery of love is not confined by the laws of procreation, nor limited to heterosexual encounters. Lina had been "una divinita duplice" (52). Release from the senses comforts the individual and helps the body to return to nature, "i sensi finalmente son disciolti, godono essi e spasimano non piu asserviti alla natura, natura essi stessi ineffabilmente" (75). What the protagonist of *Il passaggio* seeks to bring to the world is a maternal, spiritually fertilizing love:

> la mia volontà di conoscere e di creare e più vasta e più intensa della tua. Se tu mi dai la mano, anche cosi da lontano, la mia volontà passa in te. (28)
>
> Manca a tutti costoro una piccola cosa, ch'è forse il segreto della mia forza: la semplicità. Così penso. Il valore della vita sfugge loro. Hanno una blanda o aspra sete d'oblio, non hanno volontà di esistere.... (37)
>
> Io violava con il mio amore il dolore dell'uomo. Io aggiungevo al suo dio il mio. (95)

> V'ha un punto,... che unico rende il maschio capace d'accogliermi come spirito.... io gli esalto la pienezza della vita, la sapienza ultima della vita.... (96)

Sibilla risks death in her attempt to love, but man scorns her efforts, saying that it has happened to her before. She emerges a stronger woman from each failed attempt, and attributes her survival to the sincerity of her love, "il cuore fatto per darsi s'e dato" (80).

The sufferings caused by love are seen by Aleramo as a tribute to life. And she compares the protected life of those who do not risk their vulnerability in love to suicide. Because suicides do not love life outside of themselves, when faced with the meaninglessness of experience they renounce to live through suffering, and therefore do not make a full contribution to life nor know it fully. Sibilla, who can look reality in the face, sees the abyss, but does not yield to despair. She, too, is tempted by suicide, but rejects it, because she recognizes "il segno silenzioso":

> Ciò solo che fa grande il fatto d'esser liberi; la più inaudita liberta sente l'arco del cielo per confine, qualcosa ancora sopra di sé da adorare, segno silenzioso. (78)

Sibilla calls the love she hopes to attain a "chimera" (91), a fantastic dream, but realizes that it cannot be renounced. Woman in her humility must continue to love man in the face of seeming hopelessness. Sibilla must continue to love and hope because she must continue to believe in herself and in life. To love is self-affirmation and life-affirmation,

> Io servo la vita con la mia agonia più di te che sogguardi rabbrividendo. Più cara d'ogni altra alla vita la parola che le solleva contro implacato l'amore. (92)

She understands man, she has learned his language of "asmatica logica" and wishes he would learn hers:

> Voi affermate che siete spirito e ch'io sono natura, e forse non v'ingannate. Se io, immolandomi, con la tenacità d'uno sforzo che non saprete mai quanto tremendo, vi provo che posso riconoscer tutto di voi, con le stesse parole che vi foggiaste, catene di piombo per me,... non riaccosterete voi nella vostra lealta i due termini che con frusto orgoglio dichiaraste inconciliabili? (52)

Man believes that he does not need woman to participate in his work. Unable to accept her as "un'integrante forza creativa" (95), he insists in regarding her simply as another component in the order of things which surround him. He enjoys her as thing among things, "cosa di grazia inserta" (18), as if she were a cloud, a flower, "a simiglianza di soave nube per lui inserta in terra" (73). And when he perceives his individuality particularly threatened, he even chooses anonymous encounters with prostitutes, in which he is not required to give anything of himself. Sibilla, who admires man's work, sees him as "il portatore nel creato d'una nascosta fiamma," and feels alienated by the fact of non-participation:

> come se veramente io facessi parte dell'inconsapevole: come fossi fiore, nido, stella: e di tutto il suo interno travaglio, dell'assalto ch'egli mena temerario alle ragioni e alle forme, d'ogni concetto e d'ogni architettura neppur in minima guisa io son complice: donna, sotto la specie dell' eterno, immota, contemplante, lontana. (49)

She succeeds in creating oases of peace, whirlpools of harmony, but as they cannot be perpetuated by her will alone, they come to an end, "le sere scendono" (94). Man's persistence in talking only his language ultimately silences her and condemns both to solitude.

The theme of silence is personified in the image of a jealous lover. She recognizes that silence has always been faithfully at her side; and although she has had many lovers, silence remains the only faithful companion she has ever known. She is unsure of its origin: it grew as she grew, maybe it created her or maybe she was never really born, maybe she is just a larva that silence protects.

Even as she prepares to tell her story, silence is there, waiting. If she wants to remain part of society she must say only what it is prepared to accept, "la societa che all'ombra d'un suo crocifisso vuole in perpetuo che tu mentisca" (85). She understands that if she speaks, not only silence, also life and death will desert her. Silence, as the guarantor of life as the world knows it, is sacred. It has protected her as a larva, and speech by destroying silence destroys the larva, too. After her sacrilegious narration, what she has created with her book cancels her from the life she has lived till now:

> Mi aggiungevo con le mie parole immolatrici alle cose della terra, alle opere, alla storia del dolore e dell'amore. Quella imagine ch'io creavo pareva via via cancellarmi dalla vita. Lungo, ah lungo passaggio dalla larva al mito! (102)

Her old identity lost, she experiences the most complete solitude, "fuori d'ogni strada dopo tanta strada percorsa, sbalzata dall'umanita se umanita e legame e soccorso tangibile" (99).

The theme of solitude is compounded by the identification of several kinds of solitude. There are the solitude that the narrator continues to experience in her encounters with men, the solitude of those who stand outside the group daring to tell what the group is not willing or ready to hear, and the existential separatedness of the individual. Significant communication with men, she has observed, takes place only through letters: "s'io scrivo su un foglio che soltanto due occhi oltre ai miei leggeranno, veramente io mi trasmetto, qualcosa di me per sempre passa in te, ch'io non riavro più mai, che tu porterai con te nella morte..." (27).

When feeling depersonalized during her relationship with Andrea, who was only interested in nurturing and maintaining his own soul, she wrote "migliaia di note ch'io prendevo per null'altro che per necessita di riconoscermi" (56), to preserve her separate identity, which he was not interested in knowing. As silence intervenes between the lovers, solitude, which she has been fighting through love, is always restored. The only way to conquer silence, the only possible bridge to unity, is writing. Writing for a larger audience, however, has increased her immediate solitude. She has attempted real communication by telling the truth: "Un'unica norma per vivere vedo ben fissa, la sincerita" (35). Her violation of silence has placed her at equal distance from life and death.

She believes that existential solitude must be affirmed with courage. Even if love were perfect, there is something, in the individual, that love cannot attain:

> c'è qualcosa che esso non attinge, non attingerà mai, nodo fondo del mio essere, fibre di sogno, fibre segrete, corde di volonta invisibili fra la mia prima e la mia ultima giornata... Ascoltati nella tua sostanza, donna, ch'è tua soltanto: fa di udire quel ch'essa per sé richiede, tu sola lo puoi, nessuno varrebbe ad aiutarti, ascolta, di là d'ogni sentimento e d'ogni idea, oltre il tuo supplizio e il tuo diritto, oltre anche la tua maternità, dove uguale statura hanno sacrificio e ribellione, umiltà ed orgoglio, ed uguali pesano gioia e dolore, la tua legge parla—ascoltala. (33-34)

One day, coming out of a prison, a place symbolic of the inanity of evil, of "quanto si tenta quaggiu in malvagita e mai si compie" (100), she feels the irony of her situation. She is more alone than the prisoner she has just comforted with her visit. She is free to come, free to go, without any visible ties to anyone, without any other human presence to validate her own, while the prisoner's existence is affirmed at least by the guard that limits his freedom. Feeling the weight of her freedom, she experiences the threat of nonbeing and wonders: does she own or has she lost her life? Then, in a moment of sudden revelation, she understands that it does not matter. She will never know the whole truth, but one thing she knows, and it is enough: because she has listened to her "legge," in spite of her apparent solitude, she is not alone, but participates in being-itself. And she finally experiences peace. It is something rich and strange, such as she remembers seeing once before "attorno alla bocca di una grande morta" (99). And she knows "quel che non sa il suicida" (100). Her failure will be empowering for others as that of the dead woman had been for her. The mystical experience reveals that to experience the threat of nonbeing is to participate in being-itself (this is in agreement with Tillich 156). She has worked for the future, to improve life for all; she has fought evil with love, she has chosen life over death. She has chosen to fight against "l'opaca realta," and has attempted to change it "violentando col [suo] amore i segreti divini" (84).

Because she has affirmed with her actions her existential separatedness, she participates in the effort of creation. She affirms individual responsibility toward the future, the need to participate in creation by responding with generosity to the generosity of God, to His call for individual action:

> La vita è grande. Le possibilità di farla sempre più grande sono infinite. Siamo nati per vincere, per affermare, per l'eroismo, per il martirio, per l'intimo accordo con il mistero. Crudele, ma gloriosa offerta: chi la respinge abdica alla propria profonda realtà. ...A quale forma generosa ci confronteremo un giorno, che la bianca nebbia nasconde all'orizzonte? Tentarla, indovinarla, creare qualcosa che ne sia degno. Temerariamente. A questo serve la libert.
> Si rende libero ad ogni prezzo soltanto chi ha questa febbre, questa follia. Per una libertà più vera, per muovere incontro al mondo trasfigurato... (39-40)

Working for the future, sacrificing the reality of her life to a vision of coherence, she receives the gift of poetry:

> Mentre rispondevo alla temeraria attesa del silenzio, e credevo cosi consumare nel sacrilego racconto, prodigiosamente accanto alle parole violatrici, altre, fruscianti, si modulavano in me, trepidando s'elevavano, brevi, danzanti, quasi figlie d'una mia scarca anima... (102)

Poetry builds bridges across the abyss, reveals the holiness of the chasm, "santità degli incolmabili abissi" (102). Born of her personal experience, it helps her to transcend it, and helps her to achieve unity of being, "mi riavvicino a tutto che in purità tace, mi riconfondo con l'arcano sorriso della bonta" (103).

Sibilla knows that the course of her life flows parallel to that of others. "Carovane, tante. Lunghe righe equivalenti." On the plane of contingent life, true communication is not possible, "tutto e rettilineo, non c'è vortice, tutto è separato sebben s'equivalga, carovane, tante, scalpiccio sordo, magnetismo pesante." Yet when she is alone, in meditation or writing, the lines become a circle in recollection. "Soltanto a notte, quando s'accendono le fiaccole, nel momentaneo ondeggiamento,... io minuta sperduta ritrovo vertiginosamente il senso delle sfere, libera lanciata in preghiera, che l'indomani una danza s'allacci fra il serrato mio tormento e l'anima gioiosa del sole..." (68). Her writing, her art, is a synthesis of her experience, upon which her courage imposes a vision of coherence, that strives to bring together the tangible present, "il serrato mio tormento" with the enduring transcendent "l'anima gioiosa del sole" (68). As life that reflects upon itself, art is the only possible form of true communication, capable of achieving unity on the plane of essential being. Sibilla's experience, her consciousness, her vision of being, will be recreated in the future by those who will love its artistic representation as much as she who created it. Thus had Psyche, a fragment of a work of art, answered her question about life:

> Quel suo torso spezzato e perfetto quale l'avevo agognato, splendeva. Sommersa ogni memoria di mito. Ma, forma di consapevolezza ineffabile, ecco la statua ricreava per me l'atmosfera di concentrato spasimo ond'era sorta. Cosi mi rispondeva. (69)

To conclude, the form of *Il passaggio*, with its constant shifting of materially varied motifs, underlined by changes in tense and speaker, points to life as experience, which is necessarily contingent and scattered. While the unity of its themes, which is traceable throughout the apparently diverse discourse, points to unity of being, which cannot be achieved in life, but can be represented in art.

When *Il passaggio* was published, Aleramo was forty-three years old. As she looked back upon her life, she could see discrepancies between her earlier hopes for her life and its reality on many levels.

The decision to tell the story of her failures constitutes an effort to recuperate in writing what she had lost in life. In this affirmation of power, her personal interpretation of her experiences "declares autonomy and demonstrates the dominance of the mental life" (Spacks 308).

The extremely personal nature of the contents of this writing dictated its form. *Il passaggio* begins by succintly covering many of the same events already narrated in *Una Donna*, Aleramo's first autobiographical novel, and continues with the recollection of all the failed love relationships the narrator has experienced since she left her husband. As she makes her confession, the desire to be sincere, the need to share her experiences and the attendant evolving of her consciousness render her profoundly vulnerable. As she admits, in exposing her "selvaggia nudita," she feels "un pudore selvaggio" (56). This "pudore selvaggio," I believe, is what prompts her to clothe her narration in veils of poetry. The readers can and will see her naked consciousness, but only through an effort to understand. Through the poetic language, they will gradually see her the way she wants to be seen. This requires that they drop some of their own self-defenses before they can penetrate those of Aleramo.

The transformation of the naked facts of Aleramo's life into poetry did not happen effortlessly. Having written *Una donna*, having reached deep into her memory and given shape to her past by organizing it into a pattern that afforded her a better understanding of it, the author is able to transcend it in this second book. Her new aim is to render artistically the essence of experience; the past is seen and often reinterpreted in a more universal light. The marriage of her parents, for example, is no longer considered a mistake which condemns her to carry a blood at war with itself, but it is exalted as a union of complementary opposites destined to give birth to a more complete, more vital being that unites in herself the best of each parent. In her the father's scientific disposition is tempered by the poetic disposition of the mother; and the mother's weakness is strengthened by the more vigorous temper of the father.

After thus treating anew the first part of her life and confessing her silence about her love for Felice, "il solo forse concreto peccato" (59) of her life, Aleramo goes on to talk about her subsequent love experiences. What has survived the storms of passion has been changed through memory and writing. Thus what she is not able to write about Felice is lost forever, "tutto quello che di te non ho saputo fissare svanisce per sempre" (61). What she had been for Lina and Andrea "rimane per sempre, cosa bianca, grumo di pieta, e la per sempre, salva dalle furie ella che s'era alle furie abbandonata" (81).

Unlike more naive autobiographers, Aleramo understood well that the woman in her books could not be the one who had been born Rina Faccio. She realized that her real self would be a casualty of her writing. It is clear that she fully understood that the writing of her life was an act of violation of the real self, offered in sacrifice through her books. She knew that she could not continue to talk about herself and preserve her old identity, "Parlo di me come d'una senza nome ne terra" (84). Aleramo's real name, Rina, is repeatedly mentioned in this book. She explains that she had consented to carry a different name as a sort of dubbing necessary to undertake the mission of the new woman writer, "nome di mistero...nome del mio destino, fiero ed altero... Sibilla..."[4].

The ability to detach herself from the events of her life, to view them as sharing in a larger life pattern than her individual one enables her to perceive the mythical significance of her experiences. And she is conscious that her literary *persona* is no longer a woman, but a myth:

La vita che non avevi temuto trasformava il tuo viso, ch'era stato di rosa, in pietra e vi lasciava da grande artefice un brivido d'eternità. (90)

    Quella immagine che io creavo pareva via via cancellarmi dalla vita. Lungo, ah lungo passaggio dalla larva al mito! (102)

She realizes that when the events of her life are on the page they are not hers alone anymore. As the larger pattern emerges it points not only to her own, but to a kind of repeated, universal female

---

[4] Sibilla is the name of several prophetesses of antiquity. The most famous of these was the Cumaean Sibyl, who helped Æneas to fulfil his destiny. She encouraged him with the words: "Yield not to disasters, but press onward the more bravely (Bulfinch 265, 945).

experience: "caratteri d'eternità erano nella vicenda" (101).

Having discovered the mythical character of her life experiences, in this second autobiography Aleramo is concerned primarily with symbolic and universal meanings. She is aware of interpreting her memory of the past in the focus of the present, of discovering meanings of which she was not aware before, "mi vedo, qual'ero, penetrata di sole, e dimentico che non lo sapevo" (25). Necessarily subjective, she is anxious to gain deeper knowledge of herself, "come se io fossi, invece d'una persona, un'idea, un'idea da estrarre, da manifestare, da portare in salvo" (14). Her memories cannot reconstruct the past, they have become crystallized by time into images, "non ho la memoria di me, ne ho la visione" (84); "le imagini che richiamo" (64). And it is from these visions that her writing proceeds, "visioni che diventan parole" (60). What she cannot put in writing "svanisce per sempre" (61). She feels the anguish of the loss because she can hear the call of the past, a "tensione della vita verso cio che fu," and she longs to preserve those "morte ore vissute" (35). Yet she knows that she can never truly repossess the past, she can only interpret it, but it is an "interpretare a guisa di sogno" (21) what attempts to escape her grasp, "tenta di sfuggirmi" (23). The effort to remember causes her to feel as if she were suffocating among the swarm of memories, "le visioni della mia mente attorniandomi mi fanno spasimare di vertigine" (19). As the past cannot be recreated in its historical facticity, nor can it be represented with mirror-like accuracy, her attempt can only be one of reinterpretation, in which her avowed intention and her unconscious interact. Aware that the constant flux of existence, "anima che Eraclito chiamava umida" (84), keeps everything in process and therefore nothing can be definitely known, she attempts a justification of the past not by logically accounting for her actions, but by showing them as guided by her essential self. This personal justification appeases her anguish, by bestowing a present meaning "luci che nella realtà di quel tempo io non percepivo" (24), upon her remembered life (Gusdorf 38-9).

Il passaggio presents Aleramo as the new-woman-poet, a

metaphor which expresses Aleramo's deep sense of her mission.[5] A number of secondary metaphors support and help shape that of the new-woman-poet. The interaction between contingent life and the recalling consciousness that tries to extract meaning from it is rendered through images. Contingent life, or an acting consciousness, is alluded to as if it were a traveller on land. Mentions of roads are numerous in the book:

> Guarda, ammetti, cammina. (99)
> Pure, così sbalzata fuori d'ogni strada dopo tanta strada percorsa.... (99)

Clearly roads symbolize the struggle of daily life, the choices she has to make, her interaction with others, her actions. After the action, or the walking on roads, comes a time of reflection, when she tries to impose order upon experience.

Recalling consciousness is shaped by images of sea, sea-gulls, storms, feelings of anxiety, confusion, and fear of madness:

> Soffoco. Simili a nere onde compatte che si gonfiano e ricadono e risalgono, le visioni della mia mente attorniandomi mi fanno spasimare di vertigine. (19)
> Su una spiaggia abbagliante starà forse un giorno una che ricorderà agli altri quella ch'io fui e non saprà più il suo nome.... (20)
> Mentali imagini, lampi d'intimi simboli, parole che furono visioni, squarci d'orizzonti, richiami, richiami, densità di coscienza, violenza silenziosa onde l'anima è tratta nel tempo lontano.... (35)

Land and sea are contrasted with each other:

> La terra ed io siamo una sola cosa intensa che solleva l'azzurro.
> Ma un altro ritmo anche torna senza mai affievolirsi. Sopra

---

[5] On the shaping of metaphors by autobiographical writers see James Olney, *Metaphors of Self*.

una distesa enorme di mare in tempesta, sul fragore di bianche onde, bianche ali di gabbiani danzano. (13)

Mentions of wind, seeds, pollen, fecundity are associated with love and writing to suggest a fertilizing spiritual power of woman:

L'anima...la mia...quasi aroma anch'ella.... O forse polline. Dove, dove mi posero?... Era amore. Con quanto tremore di tocco! Con quanto furore di dono! Chi ora feconderò? (82)
Ed io l'avrei, con la stessa fatale volontà del vento che feconda il fiore, riassunto in un libro.... (21)

Another pervasive metaphor, that of a meteoric shower, links with the images of fertility. The book makes several references to its narrative as "polvere stellare," "disgregati atomi" (62). At the moment of transcendental revelation outside the prison, Sibilla says that she had witnessed something similar upon the face of a great dead woman. The falling stars of summer can barely render the idea:
As a star is still part of life after its death because many pin their wishes upon its falling fragments, so when a human being dies (in body or in spirit) the example of his/her courage empowers others to go on. Thus her poetry, the visible fragments of her own courage, will inspire future readers.

The new-woman-poet aims to change the myth of woman that man has created. She had absorbed it to the point that she did not recognize it as a myth anymore. It created a discrepancy between what she wished to be in order to meet the needs of man,

Esser per lui un momento di riposo... Puo il genio averne? La terra rotea. Fra miriadi di punti luminosi il mio sguardo d'amante non puo trattenerlo che per un attimo. Esser per i suoi vaganti occhi una minuta scintilla, una stellina senza nome, silenziosa... (46)

Imparai a desiderare, a rinunziare, a prodigarmi senza chieder compenso mai, senza mai ricever dono che valesse il mio. (26)

and her own needs, which soon surfaced, however,

> La bilancia deve pareggiarsi, tu devi restituirmi in un sol tratto la sostanza di volontà e di fermezza ch'io ti ho dato a poco a poco... (38)
> Con il sapore del mio bacio ingenuo e del mio sorriso io gli trasmettevo fede. Trepida attendevo un dono più grande del mio. (49)
> Ero la schiava della mia forza: della mia creatrice immaginazione ormai: del ritmo impresso al mio cuore. (57)

The conflict had left her in a state of confusion, and she intuited forces, in herself, which at first she could not name. She realized that she possessed qualities traditionally viewed as masculine. She intuits in herself "qualcosa di saldo e di erto" (22), a solid and upright quality which contrasts with the soft, bending qualities commonly associated with women. She discovers that she balances the male power to fertilize the body of woman with her power to fertilize the spirit of man. Predominantly maternal, she has lost her own son while trying to be a better mother. In her opinion a mother should not simply tend to her child's immediate needs, but should strive to improve the world in which the child is going to live,

> Vedro mai più mio figlio? Ma che in un'alta anima virile, prima ch'io muoia, l'imagine mia s'imprima, nell'anima di un uomo ch'egli più tardi possa ascoltare come un messaggero di verità. (39)

Thus the new-woman-poet, the maker of the new myth of woman, has a truly maternal mission which attempts to participate in God's creation by exercising her "integrante forza creativa" (95) to bring greater armony to the world. She writes to demystify the myth of woman as "cosa di grazia inserta" (18), as nature opposed to spirit, and replace it with the one she has created with her life and her writing:

> Posterità. Pagine lette con certezza di spirito, messaggio di lontano, Io son forse gia sepolta da secoli. E quando mi s'incontra per le strade della vita da quelli che m'han letto così, mi si

trova reale e remota quanto l'effigie d'un affresco o d'un sarcofago, oppur la figurata in un poema, Calipso o Antigone o Isotta. (67)

Aleramo devoted over six years to the writing of this novel which she always considered her best. Although it remained one of the least successful and least understood of her works, she never ceased believing in its artistic validity, saddened but not convinced by the negative reception it encountered. What troubled her most was to hear it considered an imitative work. She had aimed to produce a totally new writing, one that would materialize her dream of an "opera di donna" (*Diario di una donna* 272), and reveal "l'anima femminile moderna" (*Una donna* 122). A special female imprint would characterize it and differentiate it from the writings of men. It would not use a new language, "perche' il linguaggio e uno, "but a different capacity of expression, a different style (*Andando e stando* 60-66).

Critics have identified in the style of *Il passaggio* elements of naturalism, vocianism (or fragmentism), decadence, hermetism, futurism, mysticism and yet they admit that the points of contact with any one movement are never sufficient for its classification. The work remains unmistakably original, and I would like to suggest here that most, if not all of the above labels should be subsumed under one heading: *Il passaggio* is a modernistic work. Like many works of Modernism, it has traces of all the above mentioned movements.

It is not uncommon for such a variety of opinions to be held about works of its period and it reflects the "present state of artistic and critical opinion—a highly fluid state marked by sharp differences of view" (Bradbury and McFarlane 21). While the many names given to the various movements overlap and often blur into each other, the word Modernism has gained wide acceptance to include them all. Far from being a well defined term, Modernism has taken hold to describe many features of the literary production from the turn of the century till WWII. Characteristically, the reader of modernistic works has to make a stronger interpretative contribution to overcome a lack of narrative continuity, to discover remote connections. An extra-historical dimension has been recognized in

Modernism as a stylistic description, but as yet it means too many things to too many people.[6] While I mainly adhere here to the guidelines set by Bradbury and McFarlane in "The Name and Nature of Modernism" (*Modernism* 19-55), I believe that in many aspects Modernism falls under the category of what Curtius calls "a constant in European literature," "the common denominator for all literary tendencies which are opposed to Classicism," such as Mannerism (273).[7]

If we accept the definition of modernistic art as being

> consequent on the dis-establishing of communal reality and conventional notions of causality, on the destruction of traditional notions of the wholeness of individual character, on the linguistic chaos that ensues when public notions of language have been discredited and when all realities have become subjective fictions. (Bradbury 27)

then Modernism is eminently qualified to be the art of feminism. It gave a voice to the dilemma of woman, caught within a traditional framework at a time when the world around her and the consciousness of her role in it were changing rapidly. The essence of Modernism is in its international character. And Aleramo, who consciously stayed away from literary currents and fashions, makes an important contribution to the phenomenon of female Modernism, as there can be no doubt that her extensive readings allowed her to develop alongside foreign writers. She will prove to be a true modernist in

---

[6] In its application in the context of Italian literature, Modernism presents other problems because of its socio-ethical associations. These have been amply discussed in the 1991 monograph of *Annali d'Italianistica*. Although the monograph is dedicated to Postmodernism, Modernism is duly treated in a series of enlightening articles. In the introductory essay, Dino Cervigni deals in detail with the issue of Modernismo in Italian literature. For a summary of the religious associations which exist in Italy with the word *modernismo*, see the *Enciclopedia Garzanti di filosofia*.

[7] For this particular interpretation of Mannerism see also Mario Puppo, *Manuale critico-bibliografico per lo studio della letteratura italiana* and H. Hauser, *Il manierismo*.

her lifelong exploration with style and form. *Il passaggio* is witness to her repudiation of the realism of *Una donna* and to her search for a new style which would better reflect her newly acquired consciousness.

The work is characterized by very short paragraphs, blank spaces, ellipsis and parataxis, and a very subjective use of language. The segments of narrative are without sequence and are interspersed with recapitulations, interpretations and lyrical passages. There is a repeated shift of verbal tenses from present to past and the focus of discourse moves from one specific man to man in general and from the protagonist to woman in general. The characters, shaped mainly by allusion, have the quality of symbols. The author employs many expressions with a subversive meaning: for example innocence, purity, stand here for harmony with nature and feelings, rather than for lack of experience, physical integrity, virginity. Descriptive terms usually associated with male power are appropriated for women in a spiritual sense, "chi ora fecondero?"; "qualcosa di saldo e di erto" (22). She dismantles prescriptions of behavior for women, exposing the conflict and the pain they create. Several readings are necessary to gain a perspective upon the work's scattered motifs and to become aware of the deeper thematic connections between the fragmented units of narration. For these reasons the work does not strongly engage the reader emotionally or intellectually until the very end, when the rereading begins. At this point, as the reader becomes aware of the interrelationships which exist within the diverse incidents when they are related to a larger context, the artistic unity of the work begins to emerge.

Although the experiences related are mainly of love, the climax of the book is an experience of solitude which becomes a moment of transcendental revelation. With *Il passaggio* Aleramo accepted the forces that shaped her life, were they from the past or from the present. And she learned to renounce to know or understand what she could not know or understand. The woman who as a child could not fall asleep because she wished to know "perche noi siamo in questo mondo" (*Una donna* 8), has learned to accept the ambiguity of time "forse fu notte e forse fu meriggio"; "e sera o alba?" (101) and the fact that life consists not of historical sequences, but of layers of consciousness through which she has to search for meaning, "Vita a ciascun velo che la mia mano da te distacca tu resti ancor avvolta da un altro velo" (32). It is through the layers that the formlessness of experience is recuperated and rendered meaningful by an "I" which is both self-projectual and discovered. The transcendental experience outside the prison represents a synthesis of all experiences. That she had experienced something similar upon looking at the face of a great dead woman, suggests that she accepts her own death as a real woman, but envisions a different life, that of the new-woman-poet who will encourage others. She compares the conception of her book to that of her child, and holds them equally far from those creations of man that "rombano, rombano, che folgorando lacerano l'aria"(62).[8] The metaphor of the meteoric shower represents hope in the face of destruction. And her poetry, "polvere stellare" (62), is the hope that arises from the creations of the human spirit, and more specifically, from those of the female spirit. Writing alone can heal the fracture between desire and reality and preserve hope in a future order:

> di là da tutto quanto avevo raggiunto, di là dallo stesso libro che scrivevo che pubblicavo che difendevo...tutti i miei sensi che cedevano al verbo, che del verbo si sostentavano. (56)

UNIVERSITY OF MISSOURI, COLUMBIA

Works Cited

Aleramo, Sibilla. *Andando e Stando*. Milano: Mandadori, 1942.
——. *Il passagio*. Milano: Serra e Riva, 1985.
——. *Una donna*. Milano: Feltrinelli, 1973. Preface by Maria Antonietta Macciocchi.
Bradbury, Malcom, and James McFarlane. Eds. *Modernism 1890- 1930*. Sussex: The Harvelster Press, 1978.
——. "The Name and Nature of Modernism." Bradbury 19-55.

---

[8] A clear allusion to the destruction caused by the air raids of WWI.

Bulfinch's *Mythology*. New York: Crown P8, 1979.
Cervigni, Dino. "The Modern and the Postmodern: An Introduction," *Annali d'Italianistica* (1991): 5-31.
Curtius, Ernst Robert. *European Literature and the Latin Middle Ages*. Trans. Willard Trask. Bollingen Series 36. Princeton: Princeton UP, 1973.
Falk, Eugene H. *Types of Thematic Structure*. Chicago: U of SHicago P, 1967.
Gusdorf, Georges. "Conditions and Limits of Autobiography," in Olney *Eassays* 28-48.
Olney, James, ed. *Autobiography: Essays Theoretical and Critical*. Princeton: Princeton UP, 1980.
———. *Metaphors of Self*. Princeton: Princeton UP, 1972.
Spacks, Patricia Meyer. *Iamgining a Self: Autobiography and Novel in Eighteenth-Century England*. Cambridge: Harvard UP, 1976.
Tillich, Paul. *The Courage to Be*. New Haven: Yale UP, 1980.

The Subversive Function of the Domestic Vignette in the Works of Latin American Women Poets

Oralia Preble-Niemi

As long as there has been a Latin American literature written by women, a form of the domestic vignette has featured in it. In this essay, I shall not consider domestic vignettes found in narrative fiction writings, for there their presence serves the explicit function of creating the setting. For special reasons, I will touch, but only briefly, on the domestic vignette in one non-fiction, prose work by a poet. In short, the focus of my discussion will be the works of Latin American women poets writing in the poetic genre itself. Domestic vignettes have served a variety of esthetic functions in this literature; that of creating simple word-pictures of idealized domesticity was certainly one of them. Poems containing vignettes of this type are paeans to the traditional role of women in Western culture. However, even as the women cast an uncritical eye on the homey pictures they depict, their domestic sketches, from earliest times, contain traces of the eventual and most important function of the domestic vignette in Latin American women's poetry, that of subversiveness. This subversive function may be observed as the writers assert themselves as independent artists and women.

Although the earliest examples of quotidian vignettes that I identified are contained in a biographical prose work, and are only rudimentarily "domestic," they will begin my discussion of the device because, in significant ways, they cast the mold, establishing that tension between the containment of women in the home ("a woman's place") and their desire for challenges and stimulation beyond the gates ("a man's world").

The aforementioned prose work containing domestic vignettes with a subversive function is, of course, Sor Juana Inés de la Cruz's "Respuesta de la poetisa a la muy ilustre Sor Filotea de la Cruz," an epistle indisputably written in defense of her personal intellectual labors. Sor Juana presents herself in succinct vignettes of daily life in the convent then uses the quotidian sketches as springboards for the exposition of abstract, intellectual considerations ostensibly prompted by the prosaic scenes. Her "snap-shot" of herself strolling through a room in the convent, for instance, appears to be included just so she may take the leap from that routine scene to an exposition of her observation of visual perspective in the lines of the ceiling (276). Or again, she pictures herself watching two girls at play with a top, merely so she may expound her rational deduction of a law of physics and describe the experiment she conducted to confirm it (276). Further still, she has her addressee picture her frying an egg, to allow her to enumerate the intellectual deductions to which such an activity led (277). She obviously relishes the recounting of, as she states, "los secretos naturales que he descubierto estando guisando" (277). I consider Sor Juana's domestic vignettes to serve as gateways to subversiveness because, while the domestic activity portrayed does not threaten the established place in society for each of the sexes, the intellectual activity to which each of them gives rise is precisely the "unwomanly" behavior that earned her a "sisterly" reprimand in the first place. Subversion is latent in the domesticity of the vignettes because, far from extolling the sedate, cloistered activities portrayed, they strain at the limits being imposed on her; they open the unguarded door to a defense of her right to exercise her God-given intellect,[1] the very activity chastised

---

[1] Her conviction that her intellect is a gift from God is explicitly set forth: "*me ha hecho Dios la merced de darme grandísimo amor a la verdad* que desde que me rayó la primera luz de la razón, fue tan vehemente y poderosa la inclinación a las letras que ni ajenas represiones (que he tenido muchas) ni propias reflejas (que he hecho no pocas) han bastado a que deje

by Bishop Fernández de Santa Cruz, over the signature of "Sor Filotea" (xviii).

Interestingly, Sor Juana, a poet so accomplished that she is known as "La décima musa," refrained from introducing the quotidian vignette into her poetry, *per se*. She was prepared, it seems, to champion her right to intellectual enterprise because she considered it God-given; yet, she hesitated to defy the man-made literary precepts of her era, precepts which proscribed the mundane from the poetic genre.

The subversive inclusion of the domestic vignette in poetry, itself, waited for her literary heirs. The first clear example I shall offer is "Razones de una poetisa," by an anonymous Cuban poet of the 19th Century. In it, the poetic voice comments:

> ¡Cuántas veces lentamente
> con plácida inspiración
> formé una octava en mi mente
> y mi aguja diligente
> remendaba un pantalón! (Flores 129)

When the poet (who I can but assume is female) places the subversive act reported and the domestic vignette depicted in reversed order, she is purposely underscoring her rebelliousness. The poetic "I" not only admits that she writes poetry—a task of imagination considered to be beyond the intellectual capacity of her gender ("a la mujer condenáis / tan sólo porque dudáis / que tenga imaginación" [Flores 128])—; but she, at the same time, breaks the esthetic rules of her day by including the prosaic activity of mending trousers in a genre then reserved exclusively for the more beautiful emotions.

---

de seguir *este natural impulso que Dios puso en mí*" (257). Her awareness that criticism of her for doing what God clearly intended for her is gender-based also may be seen in the letter: "su Majestad sabe por qué y para qué, y sabe que le he pedido que apague la luz de mi entendimiento, dejando sólo lo que baste para guardar su Ley, pues lo *demás sobra (según algunos) en una mujer*" (257). Emphasis added.

The generation of women poets contemporary critics often consider to be the first bloc conscious of their emancipation (Ibarbourou, Mistral, and Storni) was engaged in a process of transition from portraying idealized domesticity in their quotidian sketches to overtly stating subversion of various kinds in their verses. In the former, there appears to be no subversion in the poems at all; yet, it cannot be ignored that the injection of the prosaic, "slice-of-life" sketch into poetry was, indeed, subversive of the esthetic precepts of the time. These women are considered innovators in this respect, then, precisely because selected poems of theirs capture scenes of unadulterated domesticity, a prosaic and not poetic topic. In Ibarbourou's "Descanso," for example, the house and its cool interior soothe the taut nerves of the poetic "I" (125). Storni's "Sábado," in turn, provides the perfect, homey setting (albeit, in bourgeois terms) for the poetic persona's wait for the arrival of her beloved (16). Likewise, in "Canción de la novia," Storni's poetic persona stitches her bridal gown as she daydreams of her future husband (109). As for Mistral, it would be fair to say that the bulk of the poems of *Ternura* spring from the most domestic of vignettes: the idealized mother suckling, lulling, and singing to her infant, watching over her baby's sleep, and imparting the child's earliest lessons, those framed in fairy tales (57-105). In these poems, there is no hint of dissatisfaction by the poetic personae with the domestic *status quo*—quite the contrary. The quotidian scenes, then, are subversive acts only in literary, not social terms.

This generation of poets by no means exhausts the use of the home scene as a mere portrayal of the domestic ideal. Latter day poets continue to depict it in their poetry. In the more recent domestic vignette, however, there are subtle differences. It is no longer an ideal, but a reality that is pictured. Morejón, for instance, etches a harsher vignette. In her poem "La cena" she describes the homecoming of her poetic persona's uncle and father at the end of the workday. The sight of their work-battered bodies arouses feelings of defiance in her: "pienso / en la guerra que podría estallar súbitamente" (4), but such emotions have been repressed by the time she joins the family at the evening meal presided by her mother, "que rompe el pan inaugurando la noche" (6), her face radiating "ese mirar atento y triste" (6) so familiar on the visage of self-effacing Latin American women. This mother is a paragon of the "angel in the house," but the house itself now admittedly exists in, and is a part of a harsher reality.

Poems such as those I have been discussing inure the reader to the inclusion of mundane domesticity in the poetic genre, from which it had previously been banned, and prepares her for bolder strokes. More recent works allow the domestic sketch to range beyond its pictorial function. Idealized or realistic domesticity as sole content of the vignettes yields to scenes that serve as bridges to expressions of insight or intimate emotional reactions considered "unwomanly" in their day, in some instances. For example, we see chinks in the *façade* of that Ibarbourou who so often has been portrayed as absolutely content and fulfilled in her womanly role. The title of her "Melancolía" betrays what might otherwise be a surprise ending to a poem that depicts a bustling and cheerful "Lunes de trabajo. Lunes de limpieza" (227). In that poem, a sudden pall falls over the cheerful noises, fragrances, colors, and the flurry of activity of that traditional housecleaning day, when the poetic "I" exclaims: "¡Sólo tú, alma mía, / Siempre con tu peso de angustia sombría! / ¡Siempre con el fardo de melancolía!" (228). The poetic persona is redeemed from the transgression of indulging in depression, when all around, her home sparkles with domesticity, because the cause of her dejection turns out to be an ancestrally accepted one: the absence of her beloved from the home.

Storni's "La que comprende" is the epitome of the domestic vignette as catalyst to a surprising flash of very personal and groundbreaking insight. The vignette in that brief, two-stanza poem is that of a woman at prayer before the crucified Christ. In the space between the two stanzas, a blurring between woman and Christ occurs. The first stanza ends as the agonizing Christ "Desde su duro leño la mira con piedad" (89). Following the hiatus between the stanzas, the reader may believe that the clause, "En los ojos la carga de una enorme tristeza" (89), still refers to the eyes of Christ. That misconception is rectified in the second line of the stanza, as the sorrowful eyes are revealed to be the pregnant supplicant's. That momentary fusing of sinner and Savior makes all the more startling the plea expressed in the final line: "—¡Señor, el hijo mío que no nazca mujer!" (89). I consider this sentiment to be subversive because the rejection of the feminine in her offspring is an astonishing concept. The impact of this subversive line is due in good measure to the quality of the vignette that introduces it. The woman is described as a beautiful, expectant mother in a prayerful attitude—all "properly feminine" qualities. The poet's personal bitterness, born of her own experiences of abandonment, sexual discrimination, and concatenate hardships, is poured into her poetic persona's plea, a plea shocking because of the little regard in which it holds being a woman. This is, of course, due to the poet's judgment of what awaits women at the hands of men.

A significant number of more contemporary poems contain less startling, but still subversive insights in their final verses, insights that are effected by the catalytic action of domestic vignettes. In Ibarbourou's "Cenizas" and Pizarnick's "Vértigos o contemplación de algo que termina," for example, the poetic voice comes to a realization of her mortality as she allows a seemingly trivial domestic scene to unlatch the door to higher philosophical musings. Ibarbourou's vignette is that of a spent hearth: "Se ha apagado el fuego. Queda solo un blando / montón de cenizas / Donde estuvo ondulando la llama" (288). From the dead pile of ashes, the poetic consciousness flies back to the vital tree that was felled to provide the firewood, marveling at the insignificance of the pile of dust to which it has been reduced. This realization leads naturally to a flash of insight about her own impermanence and insignificance: "Yo que soy tan pequeña y delgada, / ¡qué montón tan chiquito de polvo / seré cuando muera!" (288). Similarly, Pizarnick observes a lilac that while losing its leaves, "Desde sí misma cae / [y] oculta su antigua sombra" (Barrios 52). The dying blooms obliterate even the most incorporeal proof of their own existence, their shadow, leading the poetic "I" to realize that, like the lilac, her poems may, even as she writes them, also contribute to the obliteration of her memory upon her death: "He de morir de cosas así" (52). I classify these as subversive because they contain thoughts with which, it was felt, a young woman should not "bother her little head." A woman's religious faith was supposed to be all she should need to cope with the existential anguish caused by considerations of mortality. Why did she need to philosophize?

The technique of concluding the domestic vignette with a statement of fresh insight is also markedly present in Castellanos' poetry. She has been acknowledged for her deft use of the domestic vignette in her prose writings.[2] That skill is discernible in her poetry as well, although she uses it less subversively than others, using it, instead, to introduce moral insights. In "Lavanderas del Grijalva," for example, the laundry and its "blancura / total y milagrosa" (66) is compared to "un recién nacido / bautizado" (66), and laundering becomes a metaphor for the metaphysical cleansing of the sacrament. In the last stanza, the poetic "I" apostrophizes the launderers, seeking their help in locating such a redemptive river. Similarly, in "Escogedoras de café en el Soconusco," she watches as coffee-bean sorters

con una mano apartan
los granos más felices,
con la otra desechan
y sopesan y miden. (66)

As she observes the separating of good and bad beans she makes an ethical resolution: "Escoja yo mis pasos / como vosotras, justas" (67). Still further, in "Tejedoras de Zinacanta," the sight of the "misteriosa y hábil" (67) hand of the weaver who, like the fates, weaves threads into enigmatic patterns and symbols, causes the poetic voice to ask to be shown the enigmatic pattern of her own destiny. The subversion in these verses lies in the poet's willingness to learn from her social "inferiors" in a Mexican society very conscious of social class and prerogative.

The function of the domestic vignette evolves almost impercep-

---

[2] Castellanos' use of the domestic vignette in her prose is discussed in Ahern's introduction. It should be noted, however, that Castellanos was not the initiator of the use of domestic vignette as a bridge to more weighty considerations, much less the first one to use it subversively, as this essay shows.

tively, so that eventually the subversive message is a direct and overt expression of rebellion in the vignette itself. An early example of this change is "Mi hermana" by Storni. The poem begins with the poet's description of her sleeping sister: "mi hermana está dormida, las manos sobre el pecho; / Es muy blanca su cara y es muy blanco su lecho..." (67). The description is that of a young woman who appears to be dead; but, in the following stanza, the image of the girl sinking into the soft mattress "a modo de los frutos / Rosados" (67) underscores her vitality and points, instead, to white as a symbol of her purity. The proclivity of fruit imagery to impugn the young woman's chastity is avoided by describing the young woman's breast as "casto" (67). The vignette continues as the poetic "I" shelters the sleeper from drafts, light, and noise ("Hay mucho ruido afuera" [67]), clarifying that she wishes to protect her sister from the world. Sexuality as the worldly threat is made explicit by a disclosure of her extreme naiveté: "Cree que las cigüeñas, desde países raros, / Bajan con rubios niños de piececitos rojos" (68). It is her *sexual* innocence, then, that must be protected: "Ella es inmaculada. / ¡Piedad para su alma! Yo lo sé todo, es cierto. / Pero ella es como el cielo: ella no sabe nada" (68). The subversiveness of the vignette lies in the poetic voice's rebuking of men, they who are responsible for her own "knowing everything." It is in her admonition to them to resist bringing this kind of knowledge to her sister, *i.e.*, to still-chaste women. Subversion is implicit in her claim that men are, indeed, answerable for the chastity of women and should be involved in protecting it, rather than in a contest to conquer it for ego aggrandizement.

Two other poems containing domestic vignettes that include overt, subversive messages are Castellanos' "Destino" and Mistral's "Pan." In them, the domestic vignettes present the poetic personae breaking bread at the table, and both end with transcendent insights. In Mistral's poem, the domestic vignette leads to the enunciation of an awareness of solidarity with all of humanity, a notion not entirely current in her day of elitist societies throughout Latin America. As the poem begins, the poetic "I" notices that:

Dejaron un pan en la mesa,
mitad quemado, mitad blanco,
pellizcado encima y abierto
en unos migajones de ampo. (134)

In spite of years of looking past the bread she eats, this loaf is defamiliarized for her. She sees it again with a child's eyes, and communion is established between them: "... con su cuerpo me reconoce / y con el mío yo reconozco" (134). Despite the various shapes bread takes in different cultures, she realizes that it is "el mismo pan en cien hermanos" (134). There is a "desplazamiento calificativo"[3] in the metaphor "hermanos," making it apply not only to the different types of bread, but to her "Amigos muertos con que comíalo / en otros valles" (135) as well. As she eats the bread, she performs an act of contrition for the oblivion to which she has relegated both the bread and those other peoples whose many worlds she has shared: "entrego un llanto arrepentido / por el olvido de tantos años, / y la cara se me envejece" (135). Appropriately enough, following the contrition and communion, she experiences rebirth as her face "me renace en este hallazgo" (135). The final stanza of the poem is a call for harmony among the peoples of the world, a concept the poet saw in an almost religious light, but which was alien even to most diplomats of that day:

estemos juntos los reencontrados,
sobre esta mesa sin carne y fruta,
los dos en este silencio humano,
hasta que seamos otra vez uno... (135)

Castellanos' poem also uses the breaking bread vignette. Her final

---

[3] This term is defined by Bousoño as follows: "el procedimiento en cuestión consiste en el traslado verbal que, en un texto, experimenta cierta atribución o cualidad sensibles, que pasa así desde su soporte natural a los alrededores *físicos* de éste.... cabe que la propiedad móvil se desplace... hacia el exterior del ser al que pertenece, fijándose en algún punto de sus proximidades" (106-107). Emphasis is the author's.

insight, however, is considerably less optimistic. In her poem, Castellanos dwells on the Mexican woman's traditional obligation to sacrifice herself for those she loves. Her poetic persona recalls the last period of happiness in her life, a time when she broke bread with her family:

> dejé jirones rotos, esparcidos
> en el último sitio donde una breve estancia
> se creyera dichosa:
> allí donde comíamos en torno de una mesa
> el pan de la alegría y los frutos del gozo. (44)

The juxtaposition of prosaic family meal and ritual communion is meant to imbue the former with significance, for it is precisely bonds of shared blood and interaction that are supposed to give meaning to a woman's life: "Era una sola sangre en varios cuerpos / como un vino vertido en muchas copas" (44). The futility of expecting reciprocal bonds becomes apparent in the line: "a veces el cuerpo se nos quiebra / y el vino se derrama" (44). The inherent aloneness of woman is posed in a passage that draws a parallel between the woman and the crucified Christ:

> Una mujer camina por un camino estéril
> rumbo al más desolado y tremendo crepúsculo.
> ... ...
> Quien la mira no puede acercarle ni una esponja
> con vinagre, ni un frasco de veneno.... (44-45)

The poetic voice envisages the woman deprived of even the ironic comfort of the gall-soaked sponge, she is refused even negative reinforcement from those around her. She thus comes to the realization that woman is inherently alone. For most self-effacing Mexican women, the "togetherness" of family is a non-reciprocal relationship. It merely serves to isolate them from "the other" outside the family home: "Una mujer se llama soledad" (45). The merging of the identity of the woman with that of the crucified Christ might have given significance to the pain of her daily sacrifice, but no one is even aware of her sacrifice or her suffering need.

A similar imbedding of the subversive message within the domestic vignette may be seen in Olga Nolla's "Los zapatos colorrosa." The vignette is that of a pair of pink, high-heeled shoes poised atop a desk:

> sobre el cuero verde de mi escritorio,
> destacados nítidamente por un cono de luz,
> como si fueran peces disecados:
> los zapatos de mi madre. (Sotomayor 112)

In this poem, those very feminine pumps slowly become a metaphor for all the restrictive aspects of feminine life. As we read the line specifying the moment when the poetic persona's mother left the shoes behind ("cuando pasó de largo / en la última vuelta del tiovivo" [112]), we realize that what we have before us is not a "slice-of-life" vignette, but a conceit. The similes describing the shoes allude to significant passages in the life of a woman: the pink "'icing' / de bizcocho" (112) of childhood, the "traje largo / de una quinceañera" (112) of the girl coming of age in society, the "canastilla de recién nacida / guardada en un ropero" (112) of young motherhood. These traditional milestones are all rejected by the poetic voice as she refuses to wear the pink pumps: "He rehusado ponérmelos / desde el primer día en que me los ofreció" (112). In other words, she rejects the age-old expectations from and for women. The ironic return of the mother to retrieve the shoes because "Acaba de enterarse / no volverán a fabricarlos" (112) is a tentative cry of victory in the campaign to abolish society's historic constraints on women.

Less metaphorical and extremely clear in their subversive purpose are the poems of Méndez de la Vega. In them, the subversiveness is included as ironic twists in the description of the domestic vignette as well as in clearly enunciated statements of rebellion. Three poems from *Voces silenciadas* will serve as my examples. The first, "Lectura de Garcilaso," etches a harsh contrast between the condition of a real-life woman's hands and those being sung by the Renaissance poet. The feminine poetic "I" sketches the vignette as she addresses her husband:

> ... sobre tu mesa
> encontré abierto
> el libro de poemas
> que estabas leyendo
> y que llevé conmigo. (63)

As she reads, she evokes the "'blanca mano delicada'" sung by the courtly lover. Her reading is interrupted by the ringing of the oven timer, and

> ... al abrir la puerta
> para sacar el pastel oloroso,
> me vi las manos
> con las uñas rotas
> y los dedos chatos... (64)

The tacit accusation is that, at one time, her hands could have merited such praise, but since she has ruined them keeping house for him, "*ya* nadie / ofrecería sus sentidos" (emphasis added) (64) to them. The blame is implicitly laid at his feet: While he leisurely reads about those idealized, smooth hands, she slaves in the kitchen, ruining hers.

In "Paraíso familiar," the feminine poetic "I" describes a living room vignette centered around her husband's belongings:

> La pantalla de lámpara
> inclinada hacia tu libro.
> Tus botas imperiosas
> mirándome desde la alfombra.
> Tu ropa en el taburete
> esperando que la cuelgue. (43)

An accusatory message is initiated by repeated use of the second person, familiar forms, insinuating that the domestic world centers on the poetic voice's male interlocutor. The subversion takes the form of a debunking of the domestic ideal by a series of "desplazamientos calificativos." The first one characterizes the husband's boots as "imperiosas." Obviously, it is not the boots that the poetic "I" perceives as imperious or arrogant, but the man himself. His arrogance is displaced to the boots, and is intensified by a second displacement of the modifiers in the portrayal of his clothing "esperando que la cuelgue." It is manifestly the husband, not the garments, who assumes that the poetic persona will hang them up. These are followed by an enumeration of the husband's negatively-judged, habitual behaviors. "El mejor trozo de carne / que te sirves sin mirarme" (43), denounces the custom of setting aside the best portion for the man of the house. The man's taking for granted that his preference has priority is also criticized by listing the instances in which he accepts that his choice is final, that he may unilaterally select their activities outside the home:

> La estación de radio
> o el canal de televisión
> que tú sintonizas.
> La película de cine
> o el restaurante
> que anticipado eliges. (43)

The harshest criticism is reserved for his sexual selfishness (44), and her final judgment banishes him to pre-history with his caveman counterpart:

> saben bien cómo domarnos
> asiéndonos de los cabellos
> y tumbándonos de espaldas
> contra el colchón de la cama. (44)

This final accusation is, of course, a rephrasing of an old maxim: "ahogando nuestras palabras / con el peso de la matriz / cargada de fruto" (44). In this poem, the stage of subversion openly incorporated in poetry through the domestic vignette has been reached. The poetic voice rebels not only against the role of wife and homemaker, but also overtly considers motherhood, formerly the be-all for women, as one means for her subjugation.

In the last poem I will treat, the subversion takes the form of the poetic persona's protest against the nullification of her sense of self by the domesticity of the life she leads. The vignette presents a woman who, while peeling an onion, begins to weep. She is at a loss to understand why "pasada la irritación, aún sigo llorando / sin poder contenerme" (69). In an effort to determine the underlying cause of her unprovoked weeping, she goes to a psychiatrist, who, finding no overt reason for sorrow in her "fulfilling" domestic life, "dictaminó —igual que todos— / que algo de loco hay / en mis injustificadas reacciones" (70). The mystery of her weeping of unknown etiology is revealed in a second domestic vignette:

... vi
sobre el vapor que coronaba
la tapadera humeante
de una olla,
reflejarse mi vida:
fugaz y sin huellas. (70)

The inference that her life as homemaker is like vapor that vanishes, leaving behind no sign to mark its passing, is a subversive statement within a Guatemalan society that still considers domesticity to be woman's ultimate *raison d'etre*.

In conclusion, the use of the domestic vignette has permitted women poets of Latin America to subvert the limits imposed on them by both literary tradition and society. Using it, they have confronted issues that were considered out of bounds for women. In a seemingly innocuous manner, they subversively incorporated in their poetry mundane scenes deemed, in their time, to be alien to the poetic esthetic, thus subverting the long-standing authority of male poetic preceptists. The domestic vignette has also served as an unguarded doorway to topics which were considered too weighty for the feminine intellect. In more recent poetry, the quotidian scene has served as backdrop for women's railing against social limitations and expectations for them. From an early function as a tool in the idealization of the domestic setting, the domestic vignette has evolved into a tool now poised to destroy the very domesticity it once idealized and lauded.

PIEDMONT COLLEGE

Works Cited

Ahern, Maureen, ed., *A Rosario Castellanos Reader*. Trans. Maureen Ahern. Austin: U of Texas P, 1988.

Barrios, Daniel, comp. *Antología básica contemporánea de la poesía latinoamericana*. Buenos Aires: La Flor, 1973.

Bousoño, Carlos. *Teoría de la expresión poética*. 5th ed. 2 vols. Madrid: Gredos, 1970.

Castellanos, Rosario. *Poesía no eres tú: Obra poética 1948-1971*. Mexico: Fondo de Cultura Económica, 1972.

Castro Leal, Antonio, ed. *Sor Juana Inés De la Cruz. Poesía teatro y prosa*. 3rd ed. Mexico: Porrúa, 1968.

Flores, Angel and Kate Flores. *Poesía feminista del mundo hispánico (desde la edad media hasta la actualidad) antología crítica*. Mexico: Siglo Veintiuno, 1988.

Ibarbourou, Juana de. *Antología poética*. Madrid: Cultura Hispánica, 1970.

Méndez de la Vega, Luz. *Las voces silenciadas*. Guatemala, Guatemala: RIN-78, 1985.

Mistral, Gabriela. *Desolación - Ternura - Tala - Lagar*. 4th ed. Mexico: Porrúa, 1981.

Morejón, Nancy. *Where the Island Sleeps. Selected Poetry by Nancy Morejón*. Trans. Kathleen Weaver. San Francisco: The Black Scholar Press, 1985.

Sotomayor Miletti, Aurea María. *De lengua, razón y cuerpo*. San Juan, Puerto Rico: Inst. Cultura Puertorriqueña, 1987.

Storni, Alfonsina. *Antología poética*. 7th ed. Buenos Aires: Losada, 1976.

Magic Feminism and Inverted Masculine Myths in Rosario Ferré's *The Youngest Doll*
PATRICIA HART

> Antille... only from time to time does Don Quijote deign to visit you insisting you're Dulcinea in spite of your wanton harlotry.
> LUIS PALÉS MATOS, translated by Rosario Ferré (Included in *The Youngest Doll*)

> One of my first heroines was Scheherezade, for whom the story was a powerful weapon to defeat death. The epic of Scheherezade is not only that of the storyteller; it's more precisely that of the woman storyteller.
> ROSARIO FERRÉ, interviewed in *Diálogo* in 1991 by Julio Ortega (my translation)

MAGIC FEMINISM, AS I HAVE written elsewhere,[1] is that particularly irreverent brand of magic realism inextricably interwoven with feminism practiced by some of Latin America's leading writers, including Isabel Allende, Luisa Valenzuela, and the author whose work concerns us here, Puerto Rican novelist, essayist, and poet, Rosario Ferré. In magic feminism, notions of time, space, and identity are challenged within a femino-centric work, and seemingly supernatural events occur that are accepted matter-of-factly by the fictional characters, while for us, the readers, these events resound symbolically. This symbolic resonance within magic feminism goes to the heart of the

---

[1] See especially my introduction to Narrative Magic in the *Fiction of Isabel Allende*.

way women and men live and treat each other in Latin America.

In *The Youngest Doll* (the very free translation from Spanish of *Papeles de Pandora*, done later by the author herself in collaboration with a variety of other people, and focusing on the stories to the exclusion of the poems in the original), Rosario Ferré uses this blend of feminism and magic to expose the doll-like existence that her island's patriarchs impose on their wives and daughters. The emptiness of such a lifestyle often pushes them into fantasy as escape, so it is fitting that Ferré questions with the structure of her book the form of their fantasies, which is also often warped by the brainwashing effect of all the tales the women have heard since earliest childhood, from fairy tales to romance novels to "literature." We can see this clearly by examining five highly familiar patterns that Ferré perverts ingeniously to make her point.

I. PYGMALION PERVERTED

As Ovid tells it, the myth of Pygmalion is the archetypically narcissistic account of a male artist who first creates a beautiful statue of a woman and then falls in love with his product. Such action was necessary because of what he perceived as the imperfect nature of real woman: "Pygmalion knew these women all too well; Even if he closed his eyes, his instincts told him He'd better sleep alone. He took to art...." (281)

The cavernous inequality between the lovers (man as human, and as artist; woman as object) reflects a worldview that sees man as creator, actor, and even semi-god, animating a woman he has done the favor of creating. This is also the ultimate macho fantasy with regard to assuring virginity: "He kissed the girl until she woke beneath him. Her eyes were shy; she flushed; yet her first look saw at one glance his face and Heaven above it" (281).

The male artist may have experience and a previous life, but the female object, his creation, must feel the world begins and ends with her lord and master. Indeed, woman, according to Ovid, is expected to be thrilled to death at being animated by man, at being what he has created, and at having the love and acceptance of the maestro.

The inversion of the Pygmalion myth is key in *The Youngest Doll*, for time and again the effect that the males in domination have over the women in their lives is not one of a creative artist breathing life into the woman-figure, animating her, but quite the contrary. Here, men come in contact with living, breathing females. Nevertheless by their very presence, the former stultify the latter into an object-like condition in which women resemble statues or dolls more than people. Women with artistic inclinations are squeezed into doll-sized boxes in artificial poses until often the only way they can react is with violence to escape their limited lives.

In the title story of the collection, "The Youngest Doll," this can be clearly seen. Here, an unmarried aunt who has been deliberately crippled by a cynical male doctor makes a lifesize, realistic doll of one of her nieces, just as the young woman marries a pompous young society doctor—the son of the man who crippled the aunt. The young doctor forces his wife into a role that is so boring and superficial that it is a long time before he notices that his wife has escaped and left behind the doll in her place. The perversion of the Pygmalion myth of the male artist is complete—not even the sculpting was done by the man here. It was rather the aunt, making art in spite of all that the masculine order has done to her, who did the creative part of producing the doll. The husband, by contrast, is the catalyst in the de-animation of his wife. "Each day he made his wife sit out on the balcony, so that passersby would be sure to see that he had married into society" (5). Since it takes little more than a doll to fulfill the function of being on display, the reader is hardly surprised at the end when the doctor discovers that only the doll-like shell of his wife remains, filled with the writhing, horrifying creatures that have fed on generations of resentment.

Similar soul-draining activities happen to women in other stories. In "Marina and the Lion," a society women has herself delivered to her own costume ball as a doll in a silk-lined box, but as she is being brought in, she is struck by a sudden fear, "afraid that the guests might mistake the sleeping doll's elegant box for a coffin" (59).

In "Amalia," we see the "dollification" process in an early stage, as it is practiced on the title character, a young girl with a deathly sensitivity to sunlight who must be kept inside at all times. The extreme photophobia of the girl functions as a metaphor for being born female into a society that is harsh to unprotected women, and her "genetic" flaw represents all that is unhealthy in her social heritage. Thus, little Amalia's urge to escape to play in the liberty of the sunlight is in constant conflict with the patriarchal structure that struggles to keep her confined within the house—both literally and metaphorically. Whenever Amalia succeeds in getting out, the sunlight quickly makes her deathly ill, reduced to a doll-like state: "One of the maids found me with my eyes shut lying on the ground like a rag doll" (47). Later, in order to mollify Amalia, her uncle (or perhaps he is really her father, as an incestuous relationship between him and Amalia's mother is strongly suggested) gives her a beautiful bride doll made of wax. At the end of the story, both doll and child are cast out of the house for misbehavior into the pitiless heat to melt, in much the way women who refuse to play the good bride doll are punished for rebellion by marginalization from traditional societies.

"Sleeping Beauty," one of the most widely-anthologized stories from the collection, also plays with the myth of Pygmalion. Once again, there is a young woman of artistic temperament who is stultified by the men in her life—here, her father and husband—with the sinister collaboration of the women who are suppposed to be her allies as well. María de los Angeles Fernández is a ballerina, and the role that she dances to greatest acclaim is that of Swanhilda in Coppèlia. In Ferré's interpretation, Coppèlia is not a wind-up doll dancing mechanically, but rather a porcelain doll who sits out "reading" on a balcony every day, attracting the admiration of village boy, Franz. Thematically, then the story is clearly connected to "The Youngest Doll," where sitting out on the balcony to be seen is the doll-like function that a real woman would hate to fulfill. As Swanhilda, María de los Angeles dances the part of the woman who refuses to be the doll and wants to be a living, breathing artist. Her career is mutilated after this performance, however, thanks to the conspiracy of her father, fiancé, and others.

Thus, the repetition of the motif of woman as doll to be admired, as a less-than-animate ornament, is central to the collection. By perverting the Pygmalion and Galatea/Doctor Coppelius and Coppèlia myth, Ferré reclaims personhood and the right to be artist not muse or subject for her women characters. Her self-deluded males have created nothing. Ultimately, they are not even Doctors Frankenstein for their "monsters" surpass them in intellect and humanity, and ultimately create themselves.

II. DENATURED DORIAN GRAY

> My encounter with the Muse was a very hard one, very painful.
> MAY SARTON, *Mrs. Stevens Hears the Mermaids Singing*

In "The Dreamer's Portrait," once again, the artist is woman, and the object of desire, the subject of the portrait, is man. Ferré's painter, unlike Pygmalion, however, does not pretend to animate her subject through art. To the contrary, it is only when man is asleep, and therefore has his defenses down, that she can observe him:

> Try as he may, this man will never reach immortality in his dreams, the impersonal hatred of drypoint on iron, the mathematical calculations of white space on black. (41)

Unlike the male artist who "creates" a muse, and then falls in love with her, Ferré's painter makes art around a dreamed-of muse, but knows the process will cost her a struggle:

> Every afternoon we follow the same ritual. I come and sit next to him on the floor, spread my canvas quietly on the tiles, and begin to paint.... Eventually he wakes, looks at me with irate eyes, and begins to tear up my canvas. He crushes it and throws it furiously out the window. Then he leaves the room and I'm alone again. Feeling strangely relieved, I sit in the midst of my torn painting.... (41)

The difference between Ferré's portraitist and Pygmalion is that Ferré's artist does not deceive herself that she can force a real man into living a confusingly combined role of Muse and Houri. The men in her life are doomed to disappoint the female artist here, and her grandeur lies in the fact that in spite of this she continues to struggle to make right in art what can never quite happen in life:

> I've painted hundreds of portraits since my father threw me out

of the house because I wanted to be a painter.... During all these years, before I've started on each new canvas, I've conjured up the picture of the dreamer. (42)

The fantastic synthesis she imagines involves man and woman being simultaneously artist and subject, lover and beloved, desirer, and object of desire. When she "magically" paints herself into the struggle, at least in art, this consummation devoutly to be wished is briefly possible:

I stand before him now, brush in hand... I whisper to wake him up. I can tell he still loves me because, after a brief struggle, he responds to my call. He sits up slowly, looks at me once more with his terrible eyes, and joins me in combat. He is pitiless, as usual, but this time I'm the stronger one. His anguished eyes, his wrought-up features, his flying fists, all come rushing out of my brush as I manage to overwhelm him. A woman, her hair heavy with water, has come into the room and kneels next to him on the canvas, cradling him in her arms. (42-3)

Unlike Oscar Wilde's invention, the portrait of Dorian Gray that collected the ugliness in the rake's life, Ferré's portrait mirrors a struggling relation between the sexes that is often "painted out" of masculine-authored artistic productions.

III. INVERTED ALCHEMY

Another archetype of masculine artistry is that of the artist as alchemist, magically transforming the baser metals of daily existence into gold by contact with the mysterious "philosopher's stone" of his inspiration. Once again, Ferré perverts this pattern to show the overwhelmingly stultifying effect of patriarchal society on the female artist. In "The Dust Garden," young Marina is brought by her new husband, Juan Jacobo, to the industrial suburb of Ponce, Santa Cruz.[2] As a traditional young wife who follows her husband

---

[2] Ponce has the reputation in Puerto Rico of believing itself culturally superior—a stereotype Ferré deliberately wreaks havoc on here.

to his place of employment, abandoning her own home and family, Marina is stunned to discover the ugliness of her new environment, especially "the constant drizzle of dust" from the nearby cement factory (20), and her first impulse is to escape. The next morning, however, a stranger arrives and applies for the job of gardener, convincing Marina that she should stay and make the best of her lot; that a "dust garden" will actually be better than the living, breathing gardens she is used to. This is not unlike the suggestion made by one of the lesser demons in *Paradise Lost* that is so often misquoted as an inspirational injunction to keep a stiff upper lip:[3] "The mind is its own place, and in itself/Can make a heav'n of hell, a hell of heav'n" (Book I, 253). What textual harrassers of this passage so often forget, however, is Satan's answer, which in a nutshell, was that this is wishful thinking, and hell is hell. Santa Cruz, too, with its superficial society and its pretentions of grandeur, is a dusty hell, no more, no less. Marina allows herself to be manipulated into a distorted alchemy that turns the gold of her youth and artistic temperament into dust. She works beside the stranger to create the dust garden, and in the end it achieves, a beautiful, if pathetic beauty: "Marina wondered if she had done the right thing in staying. The garden was so beautiful, she found it difficult to breathe" (21).

Once more, Ferré uses a magically real touch—here the carving out with a machete of a "dust garden," to denounce the way female artistic temperament is thwarted and perverted when the woman possessing it must blindly obey husband and father in all the key decisions of her life. It is no wonder that such a system turns vital art into dust.

In terms of fairy tale, Marina is the heroine of Rumpelstiltskin, cruelly ordered to spin straw into gold, or in terms of corny homily, she is handed a lemon and expected to make lemonade. But the

---

[3] Odd, isn't it, how often the delusions of fictional male fools are thrown at us as models for correct living? Consider also Polonius and that self-serving gospel he prattled at Laertes! "To thine own self be true." As Polonius meant it this would probably have to be translated into modern vernacular as "Look out for Number One."

essential falseness of the order is exposed by Ferré, and her heroine's attempt to transform her empty life yield no more than straw, acidity, and dust.

IV. Fractured Fairytales

At least three of the stories in *The Youngest Doll* deliberately evoke the framework of specific fairy tales in order to skewer what Ferré views as their essential perniciousness. These include the "Poisoned Story" and "The Other Side of Paradise," both modeled on the Cinderella motif, as well as "Sleeping Beauty," cast from the fairy tale of the same name.

"The Poisoned Story" centers on a poor young woman who marries a prince and is elevated in station to a happily-ever-after world. The negative impact of this type of fairy-tale brainwashing on the education of young girls is now widely recognized, and few embody this negative impact more clearly than the Cinderella story. In *The Cinderella Complex*, for example, Colette Downing argues that it represents, "personal, psychological dependency—the deep wish to be taken care of by others," and that this wish," is the chief force holding women down today" (31). She defines the problem as follows: I call this "The Cinderella Complex"—a network of largely repressed attitudes and fears that keeps women in a kind of half-light, retreating from the full use of their minds and creativity. Like Cinderella, women today are still waiting for something external to transform their lives. (31)

In Ferré's version, Rosa, a hardworking servant and seamstress, marries wealthy don Lorenzo. However, instead of living happily ever after, she metamorphoses into the wicked stepmother of don Lorenzo's daughter, Rosaura. The story, magically told with a device that clearly pays tribute to Julio Cortázar's "Continuity of Parks," is purportedly a storybook that Rosa picks up to read at don Lorenzo's wake. Thus, our text is a combination of the perverted fairy tale that is a male "author's" version of Rosa's life, interspersed with Rosa's interior monologue of protestations and rationalizations. At the end, we discover that the ink of the "fairy-tale" book is poisoned, and that Rosa dies from licking her fingers to turn the pages. Once more, Ferré's ferocious magic feminism has exposed the fatal impact of a traditional tale form.

In the second story that parodies the Cinderella myth, "The Other Side of Paradise," a young girl has what appears to be a picture-perfect wedding. But rather than achieving all that the fairy tale promises a young girl, the bride commits suicide on her wedding day, after first having an affair with the narrator, the houseboy, whom everyone has assumed was gay. Left behind is a wedding album that ironically records, "images of the perfect bride," as well as clandestine photos of the wedding-day tryst with the narrator (88).[4]

In her version of the story, Rosario Ferré explodes the Sleeping Beauty fairy tale. Once more, the basic structure of the myth includes a man who finds woman dormant, "asleep," and animates her with his kiss, bringing her to life by the force of his love. Just as Pygmalion woke Galatea from the perfection of statuary, Prince Charming woke Sleeping Beauty. In Ferré's story, as by now we must surely expect, however, man's love stultifies rather than animates. María de los Angeles is a lively girl who is brought to mental breakdown and finally death by her husband and father.[5] The two most obvious pre-texts for the story are Coppelia and "Sleeping Beauty," both stories of lifeless women created and then animated through male artistry. As in other stories in her collection, in Ferré's revisionist recounting, it is female artistry that suffers and loses life when marriage is imposed as a "happy ending"—an oxymoronic description of matrimony if ever there was one. Within Ferré's universe, if there is not a happy beginning with a different set of life

---

[4] Jack Zipes delightful *Don't Bet on the Prince: Contemporary Feminist Fairy Tales in North America and England, is* recommended to those interested in reading further about the relationship between feminism and fairy tale structure, as is his previous work, *The Trials and Tribulations of Little Red Riding Hood.*

[5] It is interesting to note that María de los Angeles' "madness" consists almost exclusively of a frustrated creative impulse. Phyllis Chesler in *Women and Madness* asserts very convincingly that women are frowned on, punished, and called crazy for independent, creative, or self-assertive behavior that would often be termed as "normalcy" or " superiority" in men.

situations, there must inevitably be a sad ending of freedom for the independent, creative woman.

V. Ferocious Fable

Marina, with whose story we began earlier, does not disappear with the end of "The Dust Garden," but is alluded to in other parts of the collection, and dies in "Marina and the Lion." One structure that is parodied in this tale is clearly Aesop's paean to outdoorsy male bonding, "Androcles and the Lion." In Aesop's version, Androcles pulls a thorn from the lion's paw and is repayed for his kindness later, as the lion refuses to eat the boy when he is tossed before him as food. Again, Ferré's version inverts all the terms from the original mythic structure. Marina, caught inside the cellophane of her doll's box of a life can no longer even distinguish between good and evil to do the lion a good turn. The lion is itself a beast incapable of memory or the kingly quid pro quo Aesop recounts. Here, the lion—an ornament bought by Marina's lover, the absurdly-named Marco Antonio—chokes to death while trying to swallow a parrot in one gulp, and subsequently Marina, her lover, and the lion are all charred almost beyond recognition in a fire that destroys the entire house. Ferré's female character endures suffering of epic proportions with no reprieve but death. It is as if between men and women, there can be none of the healthy, innocent friendship that Aesop exalts. As Ferré has demonstrated before, the equation of man plus woman-of-frustrated-artistic-ambitions equals death.

VI. Conclusion

> I believe that if *The Youngest Doll* has any merit it is that of a testimony of a whole process of change and formation of modern thought, because there the feminist movement has been of prime importance.
> Rosario Ferré, quoted by María Mercedes Grau (my translation)

This extremely brief look at the cunning inversions of traditional tales in *The Youngest Doll* has demonstrated that, over and over again, Ferré employs touches from various "magic" tale formulae in order to make feminist points. Nevertheless, this does not begin to scratch the surface of the many ways the stories can be read. Far from being *the* interpretation of them, it is simply a schematic analysis of one layer in this multiply-leveled text. So many other currents flow into the torrent of Ferré's fiction—from the *danzas* of Juan Morell Campos to the myth of Pandora—that this can be no more than an approximation. Like Pandora's box, once the book is opened, its contents can never quite be forced back in, and elements may come back to torment us in a variety of forms later. After reading Ferré's stories we often know some uncomfortable truths that some might wish to forget. And like Coppèlia, Galatea, or Sleeping Beauty, the stories can move from dormancy to life, but they do it not at the touch of a doctor, prince, or maestro, but at the touch of each reader, and the animating spark of magic feminist, Rosario Ferré.

PURDUE UNIVERSITY

Works Cited

Aesop. *Fables*. New York: Golden Press, 1965.
Chesler, Phyllis. *Women and Madness*. New York: Harcourt, Brace, Jovanovich, 1972.
Dowling, Colette. *The Cinderella Complex: Women's Hidden Fear of Independence*. New York: Simon and Schuster, 1981.
Ferré, Rosario. *The Youngest Doll*. Lincoln and London: The University of Nebraska Press, 1991. Originally published in Spanish as *Papeles de Pandora* in Mexico by Joaquín Mortiz, 1976.
Grau, María Mercedes. "Las metas de Rosario Ferré," *Diálogo* (Puerto Rico), August, 1988, 24.
Hart, Patricia. *Narrative Magic in the Fiction of Isabel Allende*. Cranbury, N.J.: Fairleigh Dickinson University Press, 1989.
Milton, John. *Paradise Lost*. New York: Heritage Press, 1940.
Ortega, Julio. "Una entrevista inédita con Rosario Ferré." *Diálogo* (Puerto Rico), January/Gebruary, 1991, 24-5.
Ovid. *The Metamorphoses*. Translated by Horace Gregory. New York: Viking Press, 1958.

Palés Matos, Luis. "Antille." Quoted in Ferré's *The Youngest Doll*.
Sarton, May. *Mrs. Stevens Hears the Mermaids Singing*. New York: W. W. Norton, (1965), 1974.
Shakespeare, William. *Hamlet. The Complete Works of Shakespeare, Revised Edition, ed.* Hardin Craig. Glenview, Illinois: Scott, Foresman, 1973.
Zipes, Jack. *Don't Bet on the Prince: Contemporary Feminist Fairy Tales in North America and England*. New York: Methuen, 1986.
—. *The Trials and Tribulations of Little Red Riding Hood: Versions of the Tale in Sociocultural Context*. South Hadley, Massachusetts: Begin and Garvey, 1983.

O drama histórico brasileiro na década de oitenta
Severino J. Albuquerque

EFETUADO NOS FINS DA década de setenta, o processo de liberalização do regime militar, mais conhecido como "abertura," proporcionou ao teatro brasileiro a esperança de retorno a um clima mais favorável à liberdade de criação e de expressão. Graças ao novo clima, os dramaturgos brasileiros puderam então abandonar o tratamento elíptico e alegórico ao qual a censura os tinha emputrado durante os anos negros da década de setenta.

Apesar de tão alvissareiras mudanças, o teatro brasileiro não recuperou de imediato o vigor e o entusiasmo que o haviam dominado em outras eras. Enquanto os autores mais velhos, como Augusto Boal, Plínio Marcos, Gianfrancesco Guarnieri e Dias Gomes ainda procuravam se adaptar à nova conjuntura, na qual a censura deixara de ser fator primordial, os novos dramaturgos (Naum Alves de Souza, Maria Adelaide Amaral, Luis Alberto de Abreu, Júlio César Conti, etc.) deram uma nova orientação ao nosso teatro, sendo responsáveis por uma mudança marcante na temática dominante na década de oitenta: rejeitando o teatro social e politicamente engajado, mostraram, ao invés, um intenso interesse na experiência do indivíduo, voltando-se com freqüência à infancia e à juventude em busca de explicações e, talvez, consolo. Igualmente responsáveis pela revitalização do teatro brasileiro durante a década de oitenta foram os numerosos grupos teatrais que surgiram com a liberalização. Além de veicular o sentimento de uma nova geração que queria se distanciar tanto dos temas engajados como do sistema de produção que dominaram a geração precedente, esses grupos (Macunaíma, Ornitorrinco, Pessoal do Vítor, Delta, Boi Voador, etc.) se caracterizam por uma grande dose de talento, energia e originalidade.

Nos anos oitenta, o teatro brasileiro distanciou-se, portanto, dos traços que o caracterizavam nas décadas anteriores. Estava, agora, dominado por novas preocupações, como a situação do indivíduo, a infancia, a adolescência, e as relações interpessoais e interfamiliares; voltava-se, agora, para novas explorações que se faziam necessárias, como a mise-en-scène de Gerald Thomas e o trabalho cênico de Denise Stoklos; davam-se novos mergulhos (como no campo mítico, pelo Grupo Macunaíma); e ensaiavam-se revisões de outras formas (romance, cinema, circo) e até de si mesmo (como na redescoberta e reabilitação de Nelson Rodrigues por Antunes Filho). Desse modo, o teatro brasileiro dos anos oitenta já não parecia reservar um lugar para o drama histórico—ou pelo menos para o drama histórico como tinha sido praticado durante as décadas de sessenta e setenta, em peças como *Arena conta Zumbi* e *Arena conta Tiradentes*, de Boal e Guarnieri, ou *Calabar: O elogio da traição*, de Chico Buarque e Ruy Guerra.

Esvaziado assim de sua função contestatória, o drama histórico dos anos oitenta se encontrou numa nova situação, na qual a linguagem metafórica e a sugestão alegórica já não tinham razão de ser. Porém, devido ao forte arraigamento de sua tradição no teatro brasileiro, o drama histórico não desapareceu durante a década em questão. Este trabalho se propõe a examinar três importantes obras pertencentes a essa linha, prestando atenção às modificações adotadas por seus autores para responder às realidades da nova época.

Na primeira delas, *Auto do Frade* (1984), João Cabral de Melo Neto não somente retorna ao período colonial (como haviam feito os autores dos dramas históricos das décadas anteriores) e reexamina uma figura colonial (o líder da Confederação do Equador, Frei Joaquim do Amor Divino Rabello, ou Frei Caneca, 1779-1825) mas também retorna ao formato que o havia consagrado anteriormente em *Morte e vida severina* (publicada em 1956 e encenada com enorme êxito em 1965 e em várias outras montagens em anos posteriores).

Assim, quase trinta anos depois de *Morte e visda*, Cabral produz outro auto, não de Natal, mas mesmo assim, de certo modo, religioso. Todavia, também como em *Morte e vida*, a temática religiosa tem menos importancia no *Auto do Frade* do que a temática política.

Como nos autos tradicionais, *Frade* é em versos, embora a métrica seja mais livre, sendo a maior parte das falas em versos livres. A obra está claramente dividida em sete segmentos (cada um dos quais tomando lugar em uma parte diferente da cidade do Recife), mas os diversos episódios não são chamados de "atos." Essa localização diversificada dá à peça um aspecto que a aproxima do auto medieval: os "passos" pelas igrejas da cidade do Recife, como acontecia nos préstitos e cortejos medievais, com tablados armados na porta de cada igreja e/ou um carroção que ia sendo empurrado pelas ruas.

Quanto às personagens, só uma, a Justiça, é alegórica. As outras, com a exceção do Frei Caneca, não têm nomes próprios, sendo identificadas por seu ofício: o Provincial, o Carcereiro, o Meirinho (Oficial de Justiçal, o Vigário-Geral, os Carrascos. Há ainda grupos como o Clero e a Tropa e, agindo como os comentaristas da ação, o Povo, Gente nas Calçadas; Gente no Adro da Igreja do Terço; Gente no Pátio do Carmo; Gente no Largo do Forte das Cinco Pontas).

A obra expõe o último dia da vida de Frei Caneca, desde o momento em que acorda na sua cela, seguido do cortejo pelas ruas do Recife, depois a parada na Igreja do Terço (onde Caneca é destituído dos poderes sacerdotais e entregue à justiça civil e finalmente a execução no Forte das Cinco Pontas.

A personagem Caneca tem seis monólogos, e há uns poucos diálogos (como, por exemplo, entre o Carcereiro e o Provincial logo no começo, ou, mais tarde, entre Caneca e o Oficial) mas a maioria das falas é do Coro—o Povo da Cidade que adianta a informação ao mesmo tempo que comenta a situação. Com a exceçao do último segmento, o texto não tem rubricas, todas as indicações sobre gesticulação, luz, vestuário, e accessórios sendo fornecidas por intermédio das falas das personagens.

A segunda das obras aqui estudadas, *Calabar* (1985), de Ledo Ivo, também revisita o período colonial e uma figura histórica (Domingos Fernandes Calabar, c.1600-1635) explorada em outras peças anteriores. O formato escolhido, apesar de não ser um auto, é, como na peça de Cabral de Melo, o de drama em verso, quase um poema dramático, representando assim um afastamento, ou talvez rejeição, do formato brechtiano adotado por Chico Buarque e Ruy Guerra na sua obra de 1973 sobre o mesmo assunto.

Publicada em 1985, portanto já durante a Nova República, a peça de Ledo Ivo apresenta características, ao mesmo tempo, do teatro do regime militar e do teatro da pós-ditadura. Entre as semelhanças com o teatro do período precedente, *Calabar*, como pelo menos duas outras peças sobre o mesmo vulto histórico, usa uma figura do passado colonial para comentar sobre a realidade atual. Mas, por outro lado, afasta-se dessa tendência e refere-se ao presente sem disfarces ou meios-termos. Com efeito, o tempo desta peça de Ledo Ivo é o presente contemporâneo, a atualidade de 1985, na qual um Turista anônimo e perfeitamente identificável como um sulista classe-média visita a área do Nordeste onde Domingos Fernandes Calabar viveu no século dezessete.

As perguntas do Turista fornecem o principal elemento estruturador da obra, pois ocasionam as respostas das outras três personagens, todas igualmente anônimas, o Escrevente, o Alagoano e a Voz, os quais expõem o significado de Calabar para o Brasil atual. Essas perguntas são diretas e objetivas, como convém a tal tipo de diálogo. O Turista pergunta, por exemplo, em diversas ocasiões: "desejo saber onde está Calabar" (p.29); "...me digam / quem foi Calabar. / Não me escondam nada. / Falem a verdade. / Foi guerreiro ilustre / foi homem de bem / foi um patriota / foi proprietário / foi um general / ministro almirante / ou foi simplesmente / ladrão de cavalo?" (p.27); "...desejo saber / onde morou Calabar / por que rua ele passou / quais os sinais que deixou / de sua passagem," (p.41).

A Voz, funcionando como o principal dos respondentes, usa o pronome pessoal plural, Nós, para enfatizar a importancia de uma comunidade agora consciente do valor que tem o passado para a compreensão do presente e a solidez do futuro: "Quem vê o presente / sem ver o passado / não sabe marchar / como um bom soldado"; "Todos nós somos a América.... Nosso futuro está no passado, como a aurora antes do meio-dia e o candelabro das constelações quebrado pelo sol" (pp. 19-20; 50). A interação passado-presente também é veiculada por meio de um "grande video instalado no fundo da cena" (p. 11), no qual, através da peça, são mostradas imagens alternadas de promoções turísticas (praias de areias alvas, p. 11), população miserável (crianças nos mangues do Recife, p. 49), e o rosto de um rapaz barbudo identificado como o "Messias Calabar" (p. 54).

Em sua última fala, dirigindo-se diretamente a Calabar, a Voz elimina qualquer dúvida relativa ao significado da luta de Domingos Fernandes para os dias atuais: "Ó Domingos Fernandes / Calabar, mulato / além de bastardo! / Ainda hoje te chamam / de contrabandista / ladrão de cavalo / e filho da puta, / sinal de que ainda / não terminou a luta / e nos ares de fogo / chovem chuvas escuras / de pólvora e calúnia" (p. 55).

Esta mesma idéia é repetida e reenforçada no final da peça por meio de uma longa fala da anônima Viúva de Calabar em sua única aparição. Totalmente vestida de negro, imóvel, e de pé no centro do palco, a mulher olha fixamente o público, exprimindo sua ira contra todos os que direta ou indiretamente causaram seu atual infortúnio. Ao cair o pano, suas palavras ressoam tanto nos ouvidos nossos contemporâneos quanto nos de Calabar: "Malditos sejam os que perdoam, mil vezes malditos sejam os que esquecem! / Maldito seja o dia de hoje, vento negro que derrubou um cavalo branco!" ,p. 59).

O autor da terceira peça aqui focalizada é César Vieira (Edibal Almeida Piveta), um dos poucos dramaturgos que continuaram a carregar assumidamente a bandeira do teatro engajado na década de oitenta. Neste grupo destacam-se ainda dois outros autores cujas carreiras remontam igualmente aos anos sessenta: João das Neves, antigo componente do Grupo Opinião, que associou-se ao novo Grupo Poronga, do Estado do Acre, para apresentar a criação-coletiva documental *Tributo a Chico Mendes* (1989); e Carlos Queiroz Telles, cujo *Muro de arrimo* foi remontado com êxito na temporada paulista de 1989-90.

O trabalho de Vieira com o Grupo União e Olho Vivo inspira-se tanto na História como nas tradições do teatro popular para oferecer um poderoso comentário sobre a violenta repressão cultural e racial que tem lastreado a sociedade brasileira através de toda sua história. É justamente o que se dá em sua peça aqui focalizada, *Morte aos brancos*—ganhadora dos Prêmios Ollantay [Caracas] e Casa de las Américas [Havana] (ambos em 1985) e publicada em forma de livro em 1987.

O título completo da peça é *Morte aos Brancos: A lenda de Sepé*

Tiaraju (Ayuca Karayba), havendo ainda o título opcional *O julgamento de Nicolau II, Rei dos Guaranis e Imperador dos Mamelucos*, o qual é às vezes incluído como um subtítulo adjunto ao título completo. Antes desta peça, César Vieira já havia incursionado ao menos duas vezes no território do teatro histórico: em *O Evangelho segundo Zebedeu* e em *Rei Momo*, que são, respectivamente, uma versão circense da Guerra de Canudos (ocorrida entre 1893-97) e uma revista musical na qual a História do Brasil é recapitulada durante um baile de carnaval no Teatro Municipal do Rio de Janeiro. Tanto *Zebedeu* como *Rei Momo* são peças dos anos setenta, a mesma época em que, com efeito, Vieira começou a pesquisar e escrever *Morte aos Brancos*, tendo o processo de criação sido brutalmente interrompido por sua prisão e inquérito policial resultante da ignorancia de militares que se recusavam a crer que os mapas de batalhas e outros documentos então nas mãos de Vieira não eram planos de guerrilheiros que combatiam a ditadura.

Em *Morte aos Brancos* Vieira volta ao mesmo material em torno ao qual Basílio da Gama compôs o épico *O Uraguai* (1769), isto é, a Guerra dos Sete Povos das Missões (ocorrida entre 1750 e 1756), com os portugueses e espanhóis de um lado, e os indígenas e os jesuítas do outro, na qual aqueles queriam (e finalmente conseguiram) retomar o controle das terras das mãos dos indígenas, temerosos que estavam dos propósitos dos jesuítas ao proteger e aliar-se aos guaranis.

A abordagem de Vieira é, contudo, contrária à de Basílio da Gama, pois falta-lhe por completo a louvação da atuação das forças portuguesas sob o comando de Gomes Freire de Andrade. Assim, as quinze cenas da peça de Vieira representam o episódio da história colonial desde a perspectiva dos oprimidos e derrotados, as vítimas das torturas e dos incêndios de aldeias inteiras. Além disso, a obra aproxima de forma inequívoca a experiência do passado colonial com a situação política atual.

Em *Morte aos Brancos* a interação passado-presente é alcançada de uma maneira notavelmente eficaz por meio da signação não - verbal, especificamente o requisito do uso de máscaras ou capuzes não só pelas vítimas de tortura como também pelo público. A longa rubrica do início do texto estipula que deve haver um capuz pendurado do encosto de cada cadeira da platéia (p.20), de modo que ao sentar-se em sua poltrona cada espectador deverá, mesmo antes do início formal da peça, receber uma forte sugestão da proximidade de vitimização.

Na Décima-Segunda Cena, os atores que desempenham papéis de algozes descem do palco e se deslocam entre os espectadores, pondo os capuzes nas cabeças destes. A empatia do público se faz, portanto, em dois níveis temporais: com os indígenas vítimas dos portugueses e espanhóis no século dezoito, e com as vítimas de tortura durante o regime militar; no primeiro caso, remetidos ao passado distante, os espectadores têm empatia com o que está sendo encenado no palco frente a eles; no segundo caso, lembrados do recente passado da ditadura militar, a empatia ocorre devido à experiência e opinião pessoal de cada um sobre a questão da tortura; inclusive faz sentido especular que até mesmo sentimentos de culpa possam ser despertados por este meio.

Ainda em outro nível temporal, o uso dos capuzes pode relembrar aos espectadores que, se por um lado é verdade que a tortura de prisioneiros políticos foi abandonada, a tortura de presos ditos "comuns" continua a ser prática corrente em muitas delegacias de polícia, havendo vários casos documentados por organizações nacionais e internacionais de direitos humanos.

Além disso, já que não há tempo suficiente para os atores porem os capuzes em cada espectador, a maioria destes é obrigada a pôr os capuzes em si mesmos, o que reforça o aspecto da colaboração dos circundantes (por omissão ou por cumplicidade) e até mesmo da vítima (por não participar ativamente da resistência ao regime repressivo).

Ao nadar contra a corrente dominante no teatro brasileiro dos anos oitenta, e insistir em privilegiar uma modalidade menos favorecida no período em questão, os três dramaturgos aqui focalizados parecem reafirmar as virtudes do drama histórico quando se trata de comentar sobre o presente por meio de ilustrações cronologicamente distantes do momento atual. Re-examinando figuras centrais do período colonial—Frei Caneca, Domingos Fernandes Calabar, e Sepé Tiaraju—as obras aqui estudadas, apesar de algumas diferenças de formato e de abordagem, confirmam o poder da permanência e reforçam a validez e a eficácia do drama histórico mesmo numa época na qual a repressão política já não parece desempenhar um papel tão destacado no cenário nacional.

Nestes primeiros anos da década de noventa, tendo perdido sua função mais obviamente contestatória, o drama histórico tenta redefinir sua posição dentro do quadro mais amplo do teatro brasileiro. Se o alvo do protesto já não existe ou se é menos claramente identificável, os dramaturgos da linha histórica ainda ficam por encontrar uma voz comensurável ao novo estado de coisas. No entanto, um exame mais cuidadoso do que vem acontecendo neste início de década já revela uma ressurgência do drama histórico nos palcos brasileiros pois parece estar ocorrendo uma associação ou confluência de outros gêneros,[1] resultando que o espaço antes ocupado pelo drama histórico vem sendo preenchido por re-visitas a, ou novas montagens de clássicos estrangeiros, especificamente tragédias. Assim, num período de apenas dois meses do ano de 1992, duas montagens diferentes de *Macbeth* foram produzidas numa mesma cidade, São Paulo: Antunes Filho estreou *Trono de sangue,* sua adaptação de *Macbeth,* no Teatro SESC Anchieta em maio, com Luís Melo no papel-título, montagem esta que veio juntar-se a outra que estava em cartaz desde março, no Teatro Rubinstein, com Antônio Fagundes e Vera Fischer nos papéis principais .

Estas encenações de *Macbeth* apontam para uma aparente característica deste início de década: é a volta da tragédia aos palcos brasileiros, também visível nas recentes montagens que Moacyr Góes tem feito: de *Romeu e Iulieta,* estreda em março de 1992, em Curitiba; e de *Antígona,* de Sófocles, estreada em 1991 no Rio de Janeiro, com Marieta Severo e Italo Rossi nos papéis principais, produção esta que permaneceu vários meses em cartaz com grande sucesso de público e de crítica.

Desde os grandes êxitos de Sérgio Cardoso nos anos 50 (p.ex. *Hamlet)* e Paulo Autran nos anos *60* (p.ex. *Edipo Rei* de Sófocles), ou desde a adaptação da *Medéia* de Eurípedes à cena brasileira, feita

---

[1] Tendência bem exemplificada pelo trabalho de Denise Stoklos em *Mary Stuart* (1987) de Dacia Mariani. Nesse mesmo ano Stoklos foi agraciada com o prêmio da Associação Paulista de Críticos de Arte.

por Chico Buarque e Paulo Pontes em *Gota d'água (1978)*, não se via tamanho interesse pelo modo trágico.[2] Os motivos da redescoberta da tragédia seriam o assunto de outro trabalho, principalmente se essa tendência realmente se firmar como característica desta primeira metade da década de noventa. No entanto, a confluência dos dois gêneros nos permite ao menos ressaltar a fase de busca pela qual o drama histórico vem passando ao tentar reencontrar sua voz e sua vez nos palcos brasileiros.[3]

UNIVERSITY OF WISCONSIN

Peças citadas

Boal, Augusto, e Guarnieri, Gianfrancesco. 1970. *Arena conta Zumbi*. Revista de Teatro 378.
———. 1967. *Arena conta Tiradentes*. São Paulo: Sagarana.
Buarque de Hollanda, Chico, e Guerra, Ruy. 1973. *Calabar: O elogio da traição*. Rio de Janeiro: Civilização Brasileira.
——— e Paulo Pontes. 1978. *Gota d'água*. Rio de Janeiro: Civilização Brasileira.
Ivo, Ledo. 1985. *Calabar*. Rio de Janeiro: Editora Record.
Melo Neto, João Cabral. 1956. *Morte e vida severina: Auto de Natal Pernambucano*. Em *Duas Aguas*. Rio: José Olympio.
———. 1984. *Auto do Frade*. Rio de Janeiro: José Olympio.
Mariani, Dacia. 1987. *Mary Stuart*. Manuscrito da autora.
Neves, João das. 1989. *Tributo a Chico Mendes*. Ms. do autor.
Telles, Carlos Queiroz. 1976. *Muro de arrimo*. Revista de Teatro 412 (Julho-Agosto).
Vieira, César. 1975. *O Evangelho segundo Zebedeu*. Revista de Teatro 404 (Março-Abril).

---

[2] Não deixa de ser verdade que a década de oitenta assistiu a algumas incursões esporádicas ao gênero, com graus variáveis de sucesso, como foi o caso da adaptação de *Romeu e Julieta* pelo Grupo Macunaíma em 1984, em São Paulo, e a elogiada produção da *Fedra* de Racine, dirigida por Augusto Boal, com Fernanda Montenegro, em 1986, no Rio de Janeiro.

[3] Este artigo é uma versão mais longa de um trabalho apresentado durante o simpósio "Latin American Theatre: History, Gender, Genre, Performance," realizado na Universidade de Kansas em maio de 1992.

———. 1976. *Rei Momo. Revista de Teatro* 411 (Maio-Junho).
———. 1987. *Morte aos brancos.* Porto Alegre: Tchê!

Poesía y nación: Hojas al viento y la crítica coetánea
Oscar Montero

1. Autorretrato/distorsión

En mayo de 1890, la Imprenta del Retiro publicó en La Habana las *Hojas al viento* de Julián del Casal.[1] Es conocida la opinión de la historia literaria sobre el primer libro del poeta cubano y no se trata de contradecirla: "ese libro de iniciación, en cuyas páginas sólo mediante relampagueos intermitentes aparece aquel artífice superior que ya en *Nieve* había encontrado su camino de perfección."[2] Sin duda, los poemas más conocidos de Casal vienen de *Nieve* o de la colección póstuma, *Rimas*, y el "artífice superior" que en ellos se revela aparece como de una sola pieza, sin origen y también sin futuro, puesto que los juicios de la historia literaria necesariamente resumen, sintetizan y clausuran. Sin embargo, precisamente por su carácter imperfecto, comparado con los logros estéticos de los poemas posteriores, *Hojas* invita a la relectura. ¿Qué significan los "relampagueos intermitentes" de un "artífice superior" en la metáfora modernista, de hecho casaliana, y por lo tanto tautológica, del historiador? En las páginas que siguen, la reconstrucción parcial del contexto cultural donde Casal produjo las "imitaciones" y "versiones" de su primer poemario tal vez despeje un poco las brumas, para

---

[1] *The Poetry of Julián del Casal*, 7. Todas las citas de la poesía de Casal remiten al primer volumen de esta edición y se darán parentéticamente. Las citas de las reseñas sobre la obra de Casal remiten al segundo volumen de la misma edición y se darán parentéticamente por volumen y número de página.
[2] Henríquez Ureña, 123-24.

seguirle el hilo a la metáfora.

En el complejo conjunto dialógico que forman *Hojas al viento* y las reseñas de sus primeros lectores, valdría la pena señalar los rasgos originales de la *persona* poética casaliana y del discurso crítico que, incluso al rechazarla, la define. Dos tipos de lecturas definen la recepción original de la poesía de Casal: por una parte, una lectura de estirpe positivista y nacionalista iniciada por Enrique José Varona; por la otra, la lectura subjetiva, casi impresionista que llega desde el exterior, específicamente las reseñas de Zeno Gandía en Puerto Rico y Luis Urbina en México. En el primer encuentro entre la nueva poesía de Casal y la crítica se define un proceso de inclusión y rechazo que contribuyó a "la distorsión con que la imagen de Casal pasó de su siglo al nuestro."[3] La crítica actual es heredera de esa "distorsión" y no puede pretender eliminarla, es decir rehacer a su gusto "la imagen de Casal." La vuelta a los textos de Casal y de sus críticos, donde originalmente comenzó a dibujarse esa imagen distorsionada, sin duda provocará una distorsión propia, dibujará otra imagen de Casal, tal vez más cerca de nuestro propio fin de siglo.

A pesar de que *Hojas* es una colección heterogénea de poemas originalmente publicados en la prensa habanera, podría leerse el conjunto como el relato en verso de la transformación del poeta, la transformación de su cuerpo y su biografía en un autorretrato insólito que desborda los límites del discurso nacional, del concepto de patria urdido a lo largo de un siglo de luchas, compromisos y derrotas.[4] La retórica convencional de *Hojas* y la palidez de sus tópicos se alteran en el contexto de un discurso nacional donde las extravagancias prometedoras de Casal forman cantón aparte. En "Autobiografía," el poema que abre *Hojas al viento*, se pasa del dato

---

[3] Emilio de Armas, 235.

[4] La "Autobiografía" de Casal es en realidad un "autorretrato literario" parcial, una odisea metafórica que implícitamente desconfía de la imagen totalizante de la fotografía y de los detalles verídicos de la autobiografía prosaica y convencional. Según Salgado, el autorretrato es una "visión del yo," no simplemente su reflexión (439). Sobre la "Autobiografía" de Casal, ver Jiménez.

autobiográfico a la posibilidad de una visión que parece alzarse sobre la ruina de la palabra que la enuncia.

2. "Autobiografía": "Nací en Cuba."

Probablemente siguiendo el ejemplo de Hugo en *Feuilles d'automne*, Casal sitúa su "Autobiografía" inmediatamente después de la "Introducción" rimada de *Hojas*.[5] El poema presenta la "autobiografía" del poeta como un peregrinaje solitario por un territorio hostil donde el único refugio es "el Arte," cuyos "misterios" se asocian al misticismo cristiano. El poeta atraviesa la ruta de su destino, acechado por la Muerte, el "pérfido bandido" que le roba a los "amantes compañeros." El camino está lleno de los detalles característicos de una versión romántica de la alegoría medieval: "la huella ensangrentada," "los desiertos campos," "la luz funeral de los relámpagos." La "Juventud," personificada en una mujer que agoniza, se enfrenta especularmente al poeta que se mira en "el fulgor opaco" de sus pupilas "-igual al de un espejo desbruñido-"; mientras siente el corazón oprimido "cual si en mi pecho la rodilla hincara/ joven Titán de miembros acerados." La "autobiografía" del poeta se transforma en un cuadro digno de Moreau, a quien Casal todavía no había "descubierto," un "cuadro" donde el poeta agoniza junto a su emanación femenina bajo el peso de un joven Titán, precursor de los titanes de los "cuadros" de *Nieve* y asociado a la vitalidad y la potencia sexual.

La monotonía rítmica de la "Autobiografía" que abre las páginas de *Hojas*, su decorado de anticuario clásico evocado con una nostalgia de dejo romántico y sus personificaciones convencionales no parecen prometer una maestría futura. En cambio, lo que sí es sugerente es la alternancia entre el detalle autobiográfico y la carga visionaria de los últimos versos, de "Nací en Cuba" a "Indiferente a todo lo visible... persiguiendo fantásticas visiones" (7-9). La declara-

---

[5] El comentario de Molloy sobre *Les Feuilles d'automne* podría aplicarse a las *Hojas* de Casal: "la intención del texto no es narrar un *continuum* de acontecimientos (escribir una vida), sino presentar salteadamente icónicamente, facetas de una imagen (revelar una *persona*)," 187.

ción explícita del origen nacional que encabeza el peregrinaje libresco del poeta altera, perturbadoramente según los críticos cubanos de la época, los ángulos de la consabida oposición entre el hombre y su obra, entre "Autobiografía" y "Paisaje espiritual." El primero en notar las señales incipientes de una especie de anamorfosis inquietante en *Hojas al viento* fue Enrique José Varona (1849-1933), la voz crítica más respetada y más autoritaria de la Habana finisecular.

3. VARONA: "LO INSÓLITO DEL CASO DEL SEÑOR CASAL."
La reseña de Varona se publicó en *La Habana Elegante* unas semanas después de aparecer *Hojas* y, en gran medida representa la entrada oficial de Casal en las letras cubanas. La lectura de Varona, sin dejar de admirar al nuevo poeta, mide el valor de su obra en un vocabulario crítico de origen francés habilidosamente aclimatado. No sólo sintetiza aspectos claves de la recepción inicial de la obra de Casal sino que funda un modelo dialéctico de lectura que no ha dejado de acompañarla. Por una parte, Varona admira la sensibilidad poética de Casal, su maestría en el verso y su ingeniosa adaptación de los nuevos modelos; por la otra, muestra cierto recelo frente a lo que ya se identificaba como el "decadentismo" importado, ajeno al concepto de cubanidad que se forjaba en el período posterior al fracaso del Zanjón en 1878.[6] En otras palabras, los indicios incipientes de la postura vital e intelectual de Casal no pueden tener una acogida incondicional en la ideología nacionalista de Varona.

Retirado del Partido Autonomista en 1885, Varona intenta orientar el discurso cultural cubano hacia una redefinición que se ajuste al nuevo panorama político. Al situar la obra de Casal en este contexto, Varona define un aspecto de la *persona* casaliana a la vez que paradójicamente la distancia de dicho contexto, situándola en una lejanía subjetiva. El ensayo de Varona es la evaluación justa de una obra prometedora; también es un aviso paternal y una definición

---

[6] El Pacto del Zanjón, que concluye la Guerra de los Diez Años (1868-1878), altera radicalmente el panorama político y cultural de la colonia rebelde. Frente al fracaso independentista, algunos intelectuales intentan un rescate de lo nacional en el plano cultural. Ver Louis Pérez, Ir., 4-83.

de una literatura nacional en la cual el "pesimismo" y las "visiones," "no perteneciendo a nuestra historia," hacen del poeta un desterrado en su propia tierra: "Julián del Casal tendría delante una brillante carrera de poeta; si no viviese en Cuba."[7]

La dialéctica rigurosa de Varona se apoya en las teorías de Hippolyte Taine sobre el escritor y su milieu para señalar el conflicto insalvable entre la obra de Casal y el ambiente insular. Varona distingue dos "temperamentos psicológicos." Los primeros reciben "influencias reales"; los segundos reciben "las ideales," es decir que confunden los "signos" con los objetos que estos representan: "estos signos se sustituyen para él de tal modo a los objetos, que los considera y los trata como tales" (2:421). En las épocas de "gran cultura," sigue el argumento de Varona, existe un ambiente propicio para el desarrollo de este temperamento artificioso o imaginativo, el que confunde los signos con los objetos, y por lo tanto puede llegar a producir obras para un público reducido que no son inferiores a las del talento que recibe "influencias reales." Según Varona, Cuba no vive una época de "gran cultura" y si para Casal los "signos" han sustituido a la realidad, semejante simulacro no se ajusta ni a la realidad cubana ni a un proyecto de independencia cultural que triunfaba a pesar de las repetidas derrotas en el campo de batalla.

En una sociedad imperfecta, como la Cuba colonial, un joven "aislado y como perdido," escribe Varona, puede refugiarse en el mundo ideal de sus lecturas y llegar a producir "obras muy endebles." Después de varios párrafos explicatorios sobre la obra de arte, el circunloquio de Varona llega a su apreciación de *Hojas*: Casal ha triunfado, a pesar de las circunstancias de su medio. Sus obras son "vigorosas, con vida que nada tiene de ficticia," pero añade que son "flores de invernadero, que muestran a veces la frescura de los prados" (2:422). La metáfora florida de Varona alude a sus propias propuestas estético-semióticas: la obra de Casal triunfa a pesar de que se compone de signos verbales que "a veces" dan la impresión de

---

[7] La reseña de Varona se publicó en *La Habana Elegante* el primero de junio de 1890. Se incluye en *Prosas*, 1:26-29 y en *The Poetry of Julián del Casal*, 2:421-423. Cito de esta última.

la realidad de los objetos que representan.

El argumento de Varona sugiere que la falla en el "temperamento" de Casal es también la falla de "Nuestra sociedad," es decir la falla de una sociedad colonial "condenada... a la imitación" (2:422). Decepcionado con el Partido Liberal Autonomista, que representó en las Cortes, Varona aboga por la independencia cultural de "nuestro país." Se ha necesitado un talento "poderoso" como el de Casal para fabricar sus "flores de invernadero," pero su lugar es único, lo que equivale a marginado en la lectura de Varona; la obra de Casal es digna de admiración, pero no puede, no debe servir de modelo a la juventud letrada. A pesar de que Varona finalmente alaba el talento de Casal, remata su argumento con una vuelta de tuerca significativa: las "plantas del todo exóticas" de "la literatura decadente y otras preciosidades y melindres sociales" que pululan en París pueden tener su eco en las personas "cultas," "elegantes" y hasta "refinadas" de la isla, pero "el tono general de nuestra sociedad" rechaza esos valores, o lo que es peor, los transforma en manos de los escritores jóvenes en algo falso que "degenera por una pendiente insensible en caricatura escrita" (2:422).

En semejante ambiente, el triunfo de Casal ha sido pírrico y Varona no deja de explicar el resultado de su trayectoria imitativa y artificiosa. La energía que ha necesitado para producir sus flores extrañas en un ambiente hostil puede "marchitar." Varona sugiere que el pesimismo casaliano es sincero y que su imaginación, nutrida de un pasado ideal y remoto, ha producido y puede producir "obras bellas." Sin embargo, añade: "Pero aquí empieza lo insólito del caso del señor Casal, y lo que nos autoriza a llamar artificial el medio puramente subjetivo en que se alimenta su inspiración" (2:423). Varona acaba por revelar una última carta para completar su ingeniosa lectura: la obra de Casal no encaja en el medio hostil donde ha visto la luz y no hay talento, por "poderoso" que sea, que realmente pueda seguir produciendo en un "medio puramente subjetivo," alimentado por los signos de culturas remotas, ajeno a lo circundante. Por fin, concluye su argumento con un catálogo caricaturesco de "visiones" tomadas de la poesía de Casal: "trovadores vagabundos y castellanas melancólicas, jaurías y monteros; góndolas azules y pajes efebos; conventos en ruinas y monjes sombríos; y llega hasta a [sic] contemplar pastorcillas rubias bajo el sol tropical o a la sombra de los plátanos rumorosos" (2:423).

4. ¿QUIÉN ES "EL PEZ DE FÚLGIDAS ESCAMAS"?

No es sorprendente que el clasicismo erudito de Varona se irrite frente a una pastorcilla dieciochesca debajo de una mata de plátanos. Pero hay algo más sugerente en "Idilio realista," el poema al que alude Varona, que una incongruencia temática. Me refiero a una aparente confusión sintáctica, un desliz del sujeto gramatical que precisamente por su carácter de falla puede orientar nuestra lectura. En la primera versión (en *La Habana Elegante*: LHE) de la estrofa siguiente, el "yo" del poeta queda implícito en el pronombre enclítico de "fínjenme" [sic]. Cuando Casal suprime "fínjenme" y añade "semejan," casi se borra la referencia subjetiva:

Dirigiendo la vista hacia la altura,
/semejan/ los celajes agrupados [fínjenme en LHE]
en el inmenso espacio que fulgura,
islas de fuego en mares azulados.

Glickman considera que es un "error" característico de Casal el creer en primer lugar que el pronombre enclítico es suficiente para sugerir que el sujeto de las estrofas que siguen es "yo." Cuando Casal sustituye "fínjenme" por "semejan," se pierde la referencia subjetiva y las estrofas subsiguientes también pierden su centro subjetivo. El sujeto de "escuchando" y "dirija" en las dos estrofas que siguen deja de ser "yo" para convertirse insólitamente en "el pez de fúlgidas escamas":

Del río azul en las serenas ondas
circula el pez de fúlgidas escamas,
escuchando brotar de entre las frondas
arrullo de aves y crujir de ramas. (74)

En el error, en la ambigüedad subjetiva de la estrofa se desplaza el sujeto personal, primero sugerido, luego eliminado por completo, hacia el pez luminoso, que parece "[dirigir] el paso" hacia unos plátanos/banderas violentamente recortados en un paisaje criollo novedoso y, para un Varona, bastante perturbador, refractado en la mirada de un sujeto erróneo y errático:

> A los rayos del sol que resplandecen
> por dondequiera que dirija el paso,
> las hojas de los plátanos parecen
> verdes banderas de crujiente raso. (74)

El "error" de Casal es un lapso sugerente, un desliz sintáctico que es uno de los centros generadores del poema, un desvío más desconcertante que "la pastorcilla" criolla que provocó la censura de Varona. El desplazamiento de la primera persona al pez luminoso, ya sea *lapsus calami* o ambigüedad deliberada, sugiere un uso del lenguaje que se desvía de su función de significación, es decir de referencia a un "exterior" o un "interior" ausentes de la letra; quiere decir que en su despliegue trópico o figurado el lenguaje parece cobrar una existencia opaca: un signo que es punto muerto del significado, donde sin embargo renace la "figura" de un sujeto extravagante y errático. En su andar trópico se pierde un "yo" que deja de ser sujeto de su enunciación y que no pasa a serlo de su enunciado, que cede ese lugar a un "pez de fúlgidas escamas" que "circula," que comienza a definir una mitología propia, visionaria, difícilmente incorporable al "patriótico monumento" de la cultura cubana finisecular.[8]

A primera vista, Varona parece inquietarse por ciertas incongruencias en la poesía de Casal, que atribuye en parte "al influjo decisivo de las reminiscencias de lo leído" (2:423) Más perturbadora, sin embargo, es la subjetividad peculiar de Casal, no sólo su imitación declarada de modelos extranjeros sino su postura dentro del lenguaje, su deliberado desvío dentro del idioma nacional. Parece como si Varona quisiera reorientar ese desvío inicial del joven poeta, los tanteos que ya en *Hojas* anuncian la voz lacerante del último Casal y preludian el comienzo de una energía transformadora, "alcanzando una transmutación" diría Lezama, más allá de la oposiciones convencionales entre los aspectos afectivos y formales

---

[8] La frase es de Serafín Ramírez, *La Habana Artística* (1891) 2.

de la poesía, entre los datos autobiográficos y el "paisaje espiritual."

5. "Lo nuestro" y los signos de Casal

Si Casal hubiera poblado sus imitaciones exclusivamente de princesas chinescas y pastorcillas nórdicas quizá no habría merecido el medido elogio de Varona. Lo "insólito" de su caso es que las princesas pasan por el paisaje insular y que a través del volumen resuena el primer verso de "Autobiografía": "Nací en Cuba." En *Hojas al viento* perturba la versión subjetiva de un lenguaje nacional que reclama oblicuamente el valor de una palabra "insólita." Las imitaciones y versiones de modelos europeos en el primer libro de Casal no dejan de incluir un reto sutil, a la vez tenue y agudo, un reto a la tradición nacional capitaneada por Varona, cuya admiración por Casal no excluye la obligación de señalar el peligro de "símbolos de edades muertas" que "nada han podido dejar en nuestras costumbres, en nuestras tradiciones, no perteneciendo a nuestra historia." La "paráfrasis," la "versión," la "imitación," estrategias del poeta en *Hojas al viento*, constituyen maniobras hábiles que sientan las bases de un porvenir poético, no menos nacional porque es complejo y subjetivo.

El tema del exotismo de Casal, brillantemente sintetizado por Varona, se convirtió en un lugar común repetido por una crítica que no siempre compartía la simpatía de Varona, una crítica presta a encasillar la obra de Casal en lo morboso y lo decadente. Varona sugiere que si "nuestras costumbres," "nuestras tradiciones," "nuestra historia" consituyen un medio hostil para el poeta, peor para el poeta; no considera la posibilidad de otra adecuación entre el poeta y esos "nuestros" que delimita tan enfáticamente; no considera que esos "símbolos de edades muertas" en manos de Casal se transformarían en lo propio, al margen de lo nacional y sin embargo marcándolo poderosamente.

Se puede advertir el impacto del modelo crítico de Varona en un artículo de Nicolás Heredia sobre *Hojas al viento* que sigue grosso modo la lección de Varona. Heredia, intelectual independentista y luego catedrático universitario durante la ocupación norteamericana, se refiere a "esa enfermedad que hace estragos por el mundo con el nombre de decadentismo o modernismo decadente" (2:416). Según

Heredia, en la obra de Casal, seguidor de los parnasianos, la perfección "viene a sustituir la falta de savia ideológica y la ausencia de un propósito fecundo." El profesor Heredia se basa en el modelo de Varona, pero emplea un vocabulario crítico que da un giro significativo a la lectura de la obra de Casal y al desarrollo de su persona literaria hasta nuestros días.

En las metáforas médicas que utiliza Heredia para referirse al "decadentismo malsano" de Casal se asocian explícitamente el formalismo con la morbosidad espiritual, y la imitación de modelos importados con la impotencia y la frustración. Si en el plano de la política, el nacionalismo de Heredia sigue la misma ruta ambigua de Varona, en el plano cultural, su nacionalismo es "esencialmente" criollo y el decadentismo enfermizo con que marca la obra de Casal ni es cubano ni servirá para sentar las bases de una cubanidad por venir: "En este sentido, los parnasianos son los chinos de la literatura, porque como los chinos ejercitan su decrepitud artística en labores tan minuciosas como inútiles" (2:416). Modernismo es parnasianismo es decadentismo y es también orientalismo, lugares prohibidos para cualquier sujeto que quiera participar en la empresa nacional. El sujeto Casal finalmente se destierra a una especie de "underground self," para usar la frase de Edward Said: un "self" enfermo, decadente, extraño, exótico (3). Según Heredia, la búsqueda de "nirvana" es señal de la debilidad de las "altas clases del viejo mundo" y "Cuba no es Europa."

Si la publicación de *Hojas al viento* en 1890 ratificó la reputación de Casal en los círculos culturales de La Habana, la reseña de Nicolás Heredia, publicada en 1892, y otros comentarios que llegaron hasta la parodia más ramplona de la obra de Casal y la caricatura de su persona, reiteran "lo insólito" de la posición de Casal en un discurso nacional que se institucionalizaba frente a la frustración de la empresa independentista. Las metáforas patológicas que utiliza Heredia para caracterizar el "modernismo decadente" de Casal hicieron escuela tal vez porque encontraron su correlato objetivador en el cuerpo enfermo del poeta. Los detalles de la enfermedad de Casal, conocidos por sus contemporáneos y ampliamente difundidos posteriormente, parecen dar mayor peso a la prestigiosa metáfora de la decadencia aplicada a su obra con autoridad diagnóstica. Enfermedad, decadencia, orientalismo, erotismo, se agrupan, a fin de cuentas "degeneran," diría Varona, en una Otredad perturbadora, anómala y paradójicamente definidora de la "naturaleza" nacional, es decir, definidora del"imaginario compartido" de la cultura que aspiraba a la hegemonía.[9]

Para la crítica coetánea, el valor del Casal de *Hojas al viento* fue consagrarse a "mantener latente la tradición poética cubana," pero "lo insólito" es que Casal mantiene esa tradición "a su modo y por su cuenta," anota Nicolás Heredia (2:416). En *Hojas* comienza a definirse un nuevo "trópico" que está lejos del "insustancial tropicalismo" de los poetas de *Arpas amigas* (1879), "nuestro segundo romanticismo" según Cintio Vitier (292). El trópico de Casal es la "pervivencia" lezamiana del paisaje y la búsqueda de un nuevo tropo, la transformación de "los plátanos" en "verdes banderas de crujiente raso," la creación de un paisaje nuevo refractado en el ojo visionario del poeta.

6. ZENO GANDÍA: "POR LAS GRIETAS DEL MURO"

Las reseñas y comentarios sobre *Hojas al viento* escritos fuera de Cuba presentan otra versión del "caso insólito" del "señor Casal." En *El Fígaro*, 29 de junio de 1890, Manuel Zeno Gandía se percata del carácter ambiguo de *Hojas al viento* y describe al poeta como "un romántico dedicado a desnudar ideales...un condenado al suplicio de Tántalo complacido en modelar Venus tentadoras para luego arrojar a la cloaca los despojos esqueléticos de sus creaciones" (2:424). Zeno Gandía identifica sagazmente la alternancia entre creación y ruina como uno de los tropos estructurantes de *Hojas al viento*. Al igual que Varona, Zeno Gandía se refiere al "temperamento" de Casal, pero no lo sitúa en un conflicto con su medio. Vale la pena citar la caracterización acertada que hace Zeno Gandía de la *persona* poética de Casal:

> su libro lo denuncia en todas sus páginas como a la hoguera encerrada el humo que escapa por las grietas del muro. Allí está,

---

[9] Stallybras y White, 6-7.

con su modo ilógico, inconsecuente consigo mismo, distinto hoy de ayer, y mañana de hoy, y siempre el mismo. (2:424)

A pesar de que Zeno Gandía repite el lugar común sobre la "esterilidad" de Casal, lo sitúa en el contexto de dos de sus modelos, Bécquer y Heine. Es igualmente significativo que el crítico no encuentre en el primer volumen de Casal la precisón escultórica del parnasianismo sino más bien la deliberada vaguedad del simbolismo, la influencia más fecunda del modernismo de Casal. Escribe Zeno Gandía: "Todo eso hay... menos tendencias a martillar en mármoles y bronces. Todo allí escrito en la arena, lanzado *al viento*, impreso en la niebla, grabado en la espuma" (2:425).

Zeno Gandía reconoce en *Hojas al viento* los rasgos de una persona poética que desborda los límites de la lírica romántica, que no se sitúa definitivamente sino que se mueve hacia la descomposición del cuerpo, el último en la serie de encierros y estuches, los lugares subterráneos de un sujeto que entona su propia elegía. Desde la distancia de la colonia vecina, Zeno Gandía, que aprecia "el modo ilógico" de Casal, no menciona la etiqueta de decadente malogrado y quizá peligroso que hizo escuela entre los críticos cubanos, quienes sin las sutilezas de un Varona, atacaron la obra de Casal y provocaron a su vez respuestas defensivas y apologéticas. La figura de Casal que surge de la lectura de Zeno Gandía se inicia enérgicamente en un peregrinaje poético y se sitúa en la tradición lírica nacional, la cual abre hacia un futuro inusitado. El Casal de Zeno Gandía es "Enérgico en sus pensamientos," sacude "la tutela del gusto viejo" y "vuela" (2:424).

7. Luis Urbina: el lector complice

Hojas al viento es una elegía al cuerpo, "mi cuerpo, bajo formas vagas," transformado en "las llamas" de una pira, con "las vírgenes más bellas de mi patria," una etapa por la que debe pasar la *persona* casaliana antes de renacer en las visiones de Nieve: donde "ve de su redención luces extrañas" (116). Frente a los lugares comunes y los binarismos gastados de la retórica post-romántica, el cuerpo propio, transformado por Casal en imagen insólita y perturbadora, traza una grieta en el monumento nacional que se armaba diligentemente entre el final penoso de la Guerra de los Diez Años y el comienzo de la revolución frustrada del 1895. La obra de Casal se desenvuelve a contrapelo de un concepto exaltado de patria que al excluirla la justifica, que paradójicamente revela la energía de Casal cuando entra en la tradición nacional para alterarla radicalmente. Sin embargo, sólo un grupo reducido de amigos y admiradores se percató del impacto de la obra de Casal. En 1902, nueve años después de la muerte del poeta, un puñado de amigos visita su tumba, para luego pasar al café donde algunos "bostezaron en honor del difunto," escribe Márquez Sterling.[10] En cambio, Márquez Sterling reconoce que fuera de Cuba, "en la inmensidad americana," Casal tuvo sus mejores lectores.

Uno de ellos fue el poeta mexicano Luis Urbina. En una reseña de 1890, Casal reconstruye su relación literaria con el país vecino, iniciada "Hace tres o cuatro años," cuando un amigo llevó dos baúles llenos de libros y objetos de la capital mexicana a La Habana. En una "Carta abierta" de junio de 1890, Casal elogia los "versos muy fáciles, muy elegantes y muy tristes de un joven poeta, llamado Luis Urbina."[11] Ya Casal había enviado una copia de *Hojas al viento* a Urbina, quien en el verano de 1892 publicó un estudio sobre Casal que un año después se incluiría en la edición mexicana de *Nieve*.[12]

La reseña de Urbina comienza con una respuesta a la carta que Casal le había enviado con la copia de *Hojas al viento*, donde este escribió efusivamente: "me parece que somos hermanos desconocidos pero que, desde lejos, nos podemos amar" (2:150). Casal funda su "cariño" por Urbina en una igualdad de "gustos" y "nostalgias," incluso de edad, detalles recogidos de la lectura que ha hecho de sus poemas ya que "no nos hemos encontrado nunca, ni nos encontraremos tal vez." Urbina responde a Casal con el mismo cariño de cofrade desconocido, pero significativamente no en una carta sino en

---

[10] En *El Fígaro*, octubre 26, 1902, incluido en Casal, *Prosas* 1:39-41.
[11] *Prosas* 1:166-167.
[12] Daniel Eysette *(pseud. de* Urbina), "*Nieve* por Julián del Casal," *Nieve* (México. Edición de "El Intransigente," 1893). Citaré parentéticamente el número romano del prólogo de Urbina. Sobre Casal, México, Urbina y la edición mexicana de *Nieve*, ver *The Poetry of Julián del Casal* 2:148-155. Ver también Phillips.

la reseña que se publicó en dos partes en *El Siglo XIX* en el verano de 1892 (2:151). Urbina hace público el concepto de cariño entre desconocidos que anima la correspondencia de Casal, para quien el intercambio epistolar sienta las bases de una cofradía de espíritus afines mediada por la letra. En su reseña Urbina recuerda que recibió con el envío de Casal, la carta y el libro, "un hálito de simpatía, una ráfaga de cariño" que se confunde con la "bienhechora y refrescante lluvia" de *Hojas al viento* (ii). Describe su encuentro con *Hojas* a partir del momento en que recibe el volumen por correo, "aquel regalo" que se transforma enseguida en un "estuche" que abre con "una curiosidad entusiástica: curiosidad violenta de muchacha frente a un joyero."

En manos de Urbina, los poemas de Casal se transforman en un muestrario modernista donde se alternan la pedrería y los metales preciosos con la melancolía y la exaltación. En su estilo jadeante Urbina reconstruye el ambiente donde leyó los poemas de Casal: "en corrillo de jóvenes literatos, en cualquier cuarto estudiantil de bohemio, envuelto en humo de tabaco, sentado a horcajadas en la silla y alguna vez saboreando tazas de café a grandes sorbos" (ii). En este ambiente literalmente estimulante, el poema de *Hojas* que "excita más mi temperamento," escribe Urbina, es "La Canción de la Morfina," cuyo tema central es el poder transformador de la poesía, *Ars poetica* y homenaje al maestro Baudelaire a través de la personificación de la droga: "soy la dicha artificial/ que es la dicha verdadera" (82). La versión bastante mecánica de la sinestesia baudelaireana en el poema de Casal, ("sonidos en el color,/ colores en el sonido") es menos interesante que el contraste que hace Urbina entre la posibilidad de una comunicación sinestésica y la respuesta epistolar que pudo haber escrito a Casal para agradecer el envío de los poemas. Urbina se excusa por no haber contestado, culpando a "mi olímpica pereza," pero también transforma la pereza en una consejera sabia que le dice que no debe interrumpir el placer de la lectura con "una parrafada escrita al vuelo, incolora y fútil, trofada de lugares comunes y de frases de cliché" (iii). Urbina opone "las campanudas palabras" que no escribió a las sensaciones eróticas y "orientalistas" que le produce la lectura de *Hojas al viento*: "el plácido ensimismamiento, la inmóvil reconcentración." El encomio de Urbina sugiere que la sinestesia no se limita al nivel temático del poema sino que se cumple en la simpatía, en el sentido etimológico de la palabra: *sympátheia*, comunidad de sentimientos, que se opone a la retórica epistolar e implícitamente a la producción convencional de cualquier discurso.

Una meditación sobre el carácter americano de Casal y de los otros poetas nuevos cierra el texto de Urbina. Casal, Gutiérrez Nájera y Darío sólo parecen habitar "con nosotros," "en esta atmósfera limpia y pura de la América"; pero Urbina los imagina "flaneando por las ricas y amplias avenidas de la ciudad nueva" (x). La "ciudad nueva" es por supuesto París, pero es evidente que el París de Urbina es uno entre otros referentes de una ciudad literaria que no pertenece a nación alguna. Las negaciones de Urbina ("No, no viven aquí; no admiran nuestro cielo") son retóricas, no ideológicas; es decir, no implican el rechazo de la tierra americana y la fuga a la ciudad extranjera. Al contrario, los tortuosos contrastes de Urbina buscan la redefinición de un "aquí" americano donde los "árboles transplantados" que no han podido "desprenderse de esta jugosa tierra" envían su perfume a "los ausentes camaradas." El lugar no importa; ambos cantan "el mismo naufragio de ideales en que se hunde la conciencia humana" (x).

Para Urbina no hay nada malsano en las lecturas francesas de Casal; son textos con los que ha "conversado largamente" durante una de "sus excursiones al país de los neuróticos" de donde vuelve con "la imaginación fresca, el pensamiento robusto y la frase sencilla" (xii). Si Casal está "pálido" es porque viene de esa "obscura y profunda mina" donde Baudelaire "arrancó a las rocas negras sus fantásticas y sangrientas flores." De vuelta de su periplo literario, igual que uno de sus héroes peripatéticos, el poeta se repone en "el aire de América"; sus versos "abren las alas, se empapan en la frescura del ambiente, vuelan en nuestras risueñas campiñas, y curan sus decadentes tristezas bajo la serenidad de nuestro cielo" (xii).

Estamos lejos del Casal casi agonizante en los altos de su buhardilla habanera, lejos de los síntomas de su cuerpo enfermo, el pálido referente que la crítica local usó para lamentarse de su malogro y señalar su rareza dentro de la cultura cubana. En los comentarios de Urbina, el tópico de la enfermedad/decadencia se aparta de sus connotaciones negativas y se asocia a otro tópico: el de una cofradía de espíritus afines que pasan por la "neurosis" como por una etapa necesaria, pero que retoñan bajo el sol americano. Si Casal aprovechó las innovaciones de "la moderna escuela francesa," no fue para fugarse de una tradición propia sino para enriquecerla. Concluye Urbina, "para mí, el poeta cubano no viene de allá; viene tan sólo de la Poesía como de una patria lejana" (xii, énfasis del original).

8. CONCLUSIONES

Casal fue uno los fundadores más enérgicos de esa "patria lejana." Si Martí forjaba la independencia cubana en el exterior, Casal laboraba en un exilio interior no menos arduo. Igual que Martí, aunque en un registro radicalmente diferente, Casal "trasciende las vicisitudes del Modernismo hispánico, para instalarse en una problemática mucho más vasta—la de lo moderno."[13] *Hojas al viento* es una primera muestra de esa trascendencia. Marginado primero por las autoridades españolas, después de burlarse del capitán general y su familia en una de las crónicas de *La sociedad en La Habana*,[14] luego censurado por una crítica acerba que imponía una versión reductora del nacionalismo, Casal sin embargo inscribe su letra en "nuestra América" con una energía que desmiente las languideces de su enfermedad.

La participación de Casal en la fundación del modernismo es un dato incontrovertible de la historia litería; lo que es menos obvio, y vale la pena señalar y seguir estudiando, es que lo "insólito" de sus *Hojas al viento* y de su obra no depende de su extravagancia en el contexto nacional; al contrario, lo "insólito" es su inscripción en la tradición nacional de un nuevo tropo, de un despliegue trópico donde la mirada de un "pez de fúlgidas escamas" refracta el paisaje para transformarlo en visión: "en el inmenso espacio que fulgura,/ islas de fuego en mares azulados." Desde un punto de vista crítico situado en este otro fin de siglo, lejos de los debates locales sobre poesía y nacionalismo, *Hojas al viento* tiene todo el atractivo de una

---

[13] González-Echevarría, 173.
[14] *La Habana Elegante*, 25 de marzo, 1888. En *Prosas* 1:132-134.

cosa vieja, artificiosa y desamparada, pero algo más distingue ese primer volumen de la marejada modernista. Es la inscripción, entre líneas, de una conciencia que reconoce la necesidad del artificio, que lo arma y lo desmonta para volverlo a armar, desgastándose en el camino, dejando un residuo legible, una palabra que tan ricamente nos interroga.

LEHMAN COLLEGE
THE GRADUATE CENTER CITY
UNIVERSITY OF NEW YORK

Obras citadas

Armas, Emilio de. *Casal*. La Habana: Letras Cubanas, 1981.
Casal, Julián del. *The Poetry of Julián del Casal*. 3 tomos. Ed Robert Jay Glickman. Gainesville: University of Florida Press, 1976.
González Echevarría, Roberto. "Martí y su 'Amor de ciudad grande'. Notas hacia la poética de *Versos libres*." *Nuevos asedios al modernismo*. Ed. Iván Schulman. Madrid: Taurus, 1987. 160- 173.
Henríquez Ureña, Max. *Breve historia del modernismo*. México: Fondo de Cultura Económica, 1954.
Jiménez, Luis A. "La poética de la 'Autobiografía' de Julián del Casal." *Confluencia* vol.6, núm.2 (spring 91): 157-162.
Lezama, Lima, José. "Julián del Casal." *Analecta del reloj. Obras completas*. 2 vols. Mexico: Aguilar, 1977. 2:65-99.
Márquez Sterling, Manuel. "El espíritu de Casal." *El Fígaro*, octubre 26, 1902. En Casal, *Prosas* 39-41.
Molloy, Sylvia. "Ser/decir: tácticas de un autorretrato," *Essays on Hispanic Literature in Honor of Edmund L. King*. Edición de S. Molloy y Luis Fernández Cifuentes. London: Tamesis, 1983. 187-199.
Pérez, Louis A. *Cuba between Empires* 1878-1902. Pittsburgh: University of Pittsburgh Press, 1983.
Phillips, Allen W. "Una nota sobre el primer modernismo: Julián del Casal y algunos poetas mexicanos." *Cinco estudios sobre literatura mexicana moderna*. México: Sepsetentas, 1974. 21-37.
Ramírez, Serafín. *La Habana artística. Apuntes históricos*. La Habana: Imprenta del E.M. de la Capitanía General, 1891.
Said, Edward. *Orientalism*. New York: Random House, 1978.

Salgado, María A. "Mirrors, Portraits, and the Self." *Romance Quarterly* 33 (1986): 439-452.
Stallybrass, Peter, y Allon White. *The Politics and Poetics of Transgression*. Ithaca, N.Y.: Cornell University Press, 1986.
Urbina, Luis (Daniel Eyssette, seud.). *"Nieve* por Julián del Casal." Nieve. México: El Intransigente, 1893. i-xii.
Varona, Enrique José. *"Hojas al viento*: Primeras poesías." *La Habana Elegante*, junio 1, 1890. En Casal. Prosas 1:26-29. Y en *The Poetry of Julián del Casal* 2:421-423.
Vitier, Cintio. "Casal como antítesis de Martí." *Lo cubano en la poesía*. La Habana: Instituto del Libro, 1970. 283-314.
Zeno Gandía, Manuel. "Hojas al viento." *El Fígaro*, junio 29, 1890. 3-4. En *The Poetry of Julián del Casal* 2:424-428.

La intención unificadora de Miguel Barnet en *La vida real*
Ana Garcia Chichester

EN SU CONCURSO ANUAL DE literatura latinoamericana en 1970, Casa de las Américas incluyó por primera vez el género Testimonio, juzgando apropriado la necesidad de destacar esta forma de narrativa tradicional, que se estaba cultivando en diversas partes de la América latina. Las razones que pueden haber dado impulso a tal resurgimiento han sido motivo de discusión y especulación. En Cuba, lo más probable es que la experimentación con las formas testimoniales haya tenido su génesis en una reevaluación de la búsqueda de la identidad nacional (ya anteriormente emprendida por las grandes novelas nacionalistas del siglo diecinueve), tanto como en el movimiento natural del péndulo de una nueva generación que reaccionaba contra las técnicas innovadoras de la novelística del "boom," y, asímismo, como resultado de los límites de expresión impuestos a los intelectuales cubanos por la Revolución de 1959.[1]

La escritura testimonial cubana había tenido sus raíces en la *Relación* del diario de viaje de Cristóbal Colón, en el que por

---

[1] Afirma Elzbieta Sklodowska que "existe un consenso crítico de que la descripción de la categoría testimonial en las bases del Concurso Casa de las Américas (1970) funciona como una partida oficial de nacimiento del testimonio latinoamericano," lo que dio vigencia al testimonio como género literario. Resulta importante recalcar, sin embargo, que aunque en Cuba "el testimonio forma parte del proyecto discursivo fomentado por la revolución cubana," no puede decirse lo mismo de su cultivo en otros países latinoamericanos, en los que se desarrolla "sin apoyo institucional" (*Testimonio* 56-57).

primera vez se ofrece una descripción de la isla. Igualmente, en la *Historia de las Indias,* Bartolomé de las Casas amplía la información provista por el Almirante sobre distintos aspectos de la nueva tierra y de sus nativos. Ambos autores dejaron constancia de sus impresiones iniciales del continente americano, llevados por el afán de hacerles entender a sus compatriotas europeos el carácter de las tierras "descubiertas." Estos primeros testimonios aportan valiosa información epistemológica sobre la época, a pesar de que, en su gran mayoría, las crónicas distorsionaron y exageraron enormemente la realidad americana. Dicha distorsión, claro está, surgió de la necesidad europea de mitificar y engrandecer la realidad del hemisferio y de esta manera justificar la conquista emprendida.[2] Las crónicas, pues, nos proveen el primer ejemplo de literatura de carácter testimonial en el continente, pero ficcionalizado. Es decir, el testimonio de la crónica equivale a un instrumento de exposición de dudoso empiricismo, puesto al servicio de la intención personal del autor. Desde este comienzo, ya se establece la ambigua relación entre narrativa y testimonio.

Durante el siglo diecinueve, las profundamente arraigadas

---

[2] Beatriz Pastor examina el proceso de mitificación del continente americano por parte de los conquistadores españoles, que fue impulsado por la necesidad de llegar a comprender una realidad muy ajena al modelo imaginario del Cipango que esperaban encontrar los europeos. La realidad de lo descubierto, pues, al no compaginar con la idea anticipada, conduce a la distorsión. Explica Pastor que la percepción de Colón "implica un proceso de reducción y deformación de la realidad," añadiendo que la caracterización de América hecha por Colón de acuerdo a los modelos europeos "resulta en la sustitución de un discurso informativo historiográfico de carácter supuestamente objetivo, por un relato ficcional y mitificador que sólo incorpora algunos elementos y datos reales, integrándolos en unas coordenadas de percepción y representación fundamentalmente imagininanas..." (39). La información que lograba extraer de los indígenas sobre la tierra explorada, "siempre venía a coincidir con las fantasías del Almirante," tanto que Colón esencialmente llegó a sustituir tales conversaciones "por un monólogo en el que el interlocutor real había sido reinterpretado y transformado hasta convertirse en simple signo de confirmación de las percepciones del sujeto narrador" 140-41).

tendencias positivistas del pensamiento latinoamericano tuvieron un impacto mayor en la producción narrativa. El pensamiento positivista, cuyo mayor exponente fue Auguste Comte, consideraba que la mente humana había pasado por tres etapas de desarrollo. La primera etapa, de origen teológico, había explicado el mundo según el albedrío de dioses antropomórficos, la segunda por medio de abstracciones metafísicas, y finalmente, la tercera, es decir la etapa positiva, explicaba el mundo en términos de la realidad científica. Es así que la filosofía positivista combinaba la preferencia por datos o información, con la creencia general de que la sociología (la ciencia más avanzada) había de tomar a las ciencias físicas (la biología en particular) como modelo de investigación. El deber del filósofo positivista era la construcción de una síntesis de las ciencias con el propósito de reorganizar la sociedad. Comte insistía en que "mental and moral change was logically and chronologically prior to social and political change," lo que significaba que el filósofo "was to become, not a king, but a priest, a member of the 'spiritual power'... a priesthood, serving not some theological fiction, but Humanity itself" (Simon 6).

Las novelas del siglo diecinueve, siguiendo las líneas ideológicas trazadas por el positivismo, reflejaron una preocupación por lo científico en su exploración de la identidad nacional y en su énfasis por la historiografía. Para los escritores latinoamericanos de este período, muchos de los cuales se encontraban integrados al proceso de fundación nacional, no existía el conflicto entre narrativa (ficción) e historia (ciencia).[3] Se produjeron, pues, las llamadas novelas de fundación, que fueron parte de un proceso general de construcción

---

[3] Explica Doris Sommer: "For the nineteenth-century writer/statesman there could be no clear epistemological distinction between science and art, narrative and fact, and consequently between ideal history and real events. Whereas today's theonsts of history in the industrial centers find themselves correcting the hubris of historians who imagine themselves to be scientists, the literary practice of Latin American historical discourse had long since taken advantage of what Lyotard would call the 'indefiniteness of science' or more to the point, what Paul Veyne Calls the 'undecidability' of history" (Sommer 76).

de la identidad nacional. De inspiración social o histórica, el tema común en estas novelas era el romance (siguiendo la línea trazada por Chateaubriand) entre miembros de la sociedad de diverso origen étnico. La unión biológica y la reproducción de estos individuos prometía la idealizada unificación de los sectores divergentes de la nación. Es, en efecto, la necesidad de reconciliar a los distintos grupos étnicos para alcanzar la unificación nacional, lo que constituye el hilo temático que ensarta las novelas aparentemente dispares de este período. De hecho, explica Doris Sommer, novelas tan distintas como *Aves sin nido* (1889) escrita por la peruana Clorinda Matto de Turner, *María* (1867) del colombiano Jorge Isaacs, *Cumandá* escrita en 1871 por el ecuatoriano Juan León Mera, *Martín Rivas* (1862) del chileno Alberto Blest Gana o *Enriquillo* (1878) del dominicano Manuel de Jesús Galván, tienen elementos en común, más allá de la intención unificadora de sus autores:

> Read together, they reveal remarkable points of contact in both plot and language, producing a palimpsest that cannot derive from the historical or political differences that the novels address. The coherence comes, rather, from their common need to reconcile and amalgamate national constituencies, and from the strategy to cast the previously unreconciled parties, races, classes, or regions, as lovers who are 'naturally' attracted and right for one another (81).

La idealización en estas y otras novelas de los sectores pobres, marginados o explotados, como la población indígena o negra, revela el interés histórico-político del escritor latinoamericano decimonónico, quien no vacila en emplear la novela como instrumento ideológico. Similarmente, entre las novelas cubanas del siglo diecinueve de intención político-social, habría que destacar a *Cecilia Valdés* (1839, 1882) de Cirilio Villaverde y a *Sab* (1841) de Gertrudis Gómez de Avellaneda, en las cuales aparece el tema de la esclavitud. En *Cecilia Valdés* la historia se basa en el romance entre miembros de distintas clases sociales, conflicto que introduce en la narrativa el complejo problema de la disparidad social y racial. Villaverde, explica John S. Brushwood, parece estar al tanto de las implicaciones sociológicas de su obra, puesto que aunque las acciones de los personajes no constituyen en sí una denuncia, "the implied author is clearly protesting the undesirable social consequences of a regime to which he objected" (4). La relación de *Cecilia Valdés* y de *Sab* con otras novelas de intención reformadora reside en la insistencia de que en la reconstrucción de la organización política se encontraba la solución justa, práctica e ideal a los conflictos creados como causa de la disparidad nacional.

Debido a la reciente atención que la novela testimonial le ha otorgado a la ficcionalización histórica, las grandes novelas del siglo pasado han venido a ser rescatadas del relativo estado de abandono en que se encontraban. En oposición directa a la producción literaria de fuerte tendencia vanguardista de los años del "boom," que se distingue por las innovaciones técnicas, la atención al signo lingüístico y el rechazo del concepto del texto literario como instrumento ideólogico, la actual literatura testimonial se inserta "en el proceso de producción de sentido del discurso literario latinoamericano, enlazándose tradicionalmente con un vasto antecedente de ancilarismo" (Narváez 235).[4] Este antecedente de proclive ancilar que ha sido característico de una gran parte de las letras hispanoamericanas, del que son ejemplares las novelas decimonónicas de influencia positivista, va a reaparecer como aspecto fundamental en la intención autorial de la novela testimonial contemporánea.

El retorno de la narrativa de carácter histórico, y sobre todo, de intención ancilar se hizo factible debido a la primordial importancia que la Revolución cubana de 1959 le otorgó a la representación de

---

[4] Cabría recordar, claro está, que si bien una gran producción de la literatura del "boom" no adoptó como propósito literario la construcción de documentos testimoniales, la cuestión de la identidad hispanoamericana no dejó de ser una de las grandes preocupaciones de la literatura de la década de los años sesenta y setenta. Bastaría mencionar, como ejemplos cubanos particularmente, la indagación de la identidad en *De donde son los cantantes* (1967) de Severo Sarduy y la exploración lingüística de *Tres tristes tigres* (1967) de Guillermo Cabrera Infante. La diferencia, más que en el contenido y la intención autorial, se encuentra en el discurso mismo, es decir, en la idea del texto como objeto lingüístico y simbólico y en su cuestionamiento de la realidad, no sólo histórica sino como concepto mismo.

la realidad social y política en su literatura. Durante los primeros años posrevolucionarios se llevó a cabo una evaluación de la empresa realizada, por medio de la producción de narrativas sobre la experiencia de los guerrilleros en la Sierra Maestra. Momentos cumbres de la historia y de la literatura cubana se reexaminaron. Esto implicó una proliferación de estudios de carácter historiográfico. En particular el testimonio singular que cuatro siglos después del *Diario de viaje* de Colón produjo José Martí al escribir su *Diario de campaña*, el que contribuiría a la formación de la identidad nacional al plasmar en la memoria colectiva la experiencia personal del patriota durante esta época de vital importancia histórica, tiene una resonancia mayor en las páginas de esta novelística cubana seis décadas más tarde, en la que se trata de encumbrar el testimonio personal de diversos testigos.

Hacia fines de los sesenta la novela testimonial cubana perfila un cambio, puesto que comienzan a aparecer narrativas que intentan ilustrar la historia del pasado cubano desde la perspectiva de testigos marginales, o sea, no de los reconocidos héroes cuyo aporte histórico fue de impacto vital, sino de tipos marginales o liminares.[5] Es dentro de esta vena de literatura testimonial, cuya intención es la reivindicación de los hombres sin historia, que se destaca la obra del etnólogo, poeta y narrador cubano Miguel Barnet.

La aparición en 1966 de *Biografía de un cimarrón*, seguida de *Canción de Rachel* en 1969, situó la obra literaria de Barnet al frente

---

[5] Roberto González Echevarría divide la literatura testimonial de estos anos en dos grupos. El primero, designado "testimonio épico" debido a que enfatiza el tema de la guerra, floreció durante la primera década de la Revolución. De estilo más bien periodístico, a este período pertenecerían dos libros de Norberto Fuentes escritos en 1968 y 1970 respectivamente *(Condenados de condado y Cazabandido), Pasajes de la guerra revolucionaria* (1963) de Ernesto Che Guevara y el libro de Carlos Franqui titulado *Cuba: el libro de los doce* (1966). El segundo grupo consiste de las novelas documentales de más reciente publicación, que se construyen a partir del testimonio de individuos marginados. Entre tales novelas González Echevarría menciona *La canción de Rachel* de Barnet, *Memorias de una cubanita que nació con el siglo* (1969) escrita por Antonio Núñez Jiménez y *La abuela* (1973) de Renée Méndez Capote (255-56).

de la literatura testimonial en Latinoamérica. En *Cimarrón*, la narración corre a cargo de Esteban Montejo, un viejo esclavo con quien Barnet estableció amistad y entrevistó a fin de recaudar información sobre la época colonial. En cambio, Rachel no es un testigo en sí sino una síntesis de voces, en particular de las antiguas *vedettes* del club habanero la Alhambra, que evocan la vida en la capital durante los primeros años de la República. A estas obras han seguido dos otras igualmente dentro de la vena del testimonio: *Gallego* (1981), que examina la inmigración a Cuba de los españoles de la parte norte de la península y narra sus duros años de adaptación a la patria adoptiva, y *La vida real* (1986), cuyo protagonista, Julián Mesa, rememora las durísimas condiciones del campo cubano durante el machadato, su emigración a La Habana y luego a los Estados Unidos en busca de una mejoría económica. De publicación más reciente es *Oficio de ángel* (1989), de estilo mucho más distante del peculiar testimonio periodístico que perfeccionara Barnet en las novelas anteriores. En *Oficio* se explora la adolescencia de un joven habanero durante la época batistiana.

Tanto como Montejo y Rachel, los informantes que contribuyen la materia creadora de las dos novelas subsiguientes, es decir Manuel Ruiz y Julián Mesa, no son modelos épicos, sino "líricos," que igualmente representan al individuo anclado "en un sentimiento de marginalidad" (*La vida real* 15). Manuel Ruiz, de similar manera a Rachel, es un *collage* de voces o de personalidades, representativo de la colectividad de la experiencia inmigratoria española. De él explica Barnet en su prólogo a *Gallego*:

> Manuel Ruiz es Antonio, es Fabián, es José. Es el inmigrante gallego que abandonó su aldea en busca de bienestar y aventura. El que cruzó el Atlántico «ligero de equipaje,» como escribiera Antonio Machado, para forjarse un nuevo destino en América. Su vida es una parte de la vida de nuestro país. Integrado a la población cubana, el gallego, como el asturiano, el catalán o el canario, contribuyó a crear nuestra personalidad nacional (8).

La intención del autor en *La vida real*, según él mismo confiesa en la introducción a la obra no es la de ofrecer soluciones a los problemas de los emigrados hispanos en los Estados Unidos. "Lo único que deseo," explica Barnet,

> es mostrar el corazón del hombre. De ese hombre que la historiografía burguesa marcó con el signo de un fatalismo proverbial, inscribiéndolo entre «la gente sin historia.» Este es el caso de Julián Mesa, un cubano más dentro de esa masa infinita de emigrantes que abandonaron su isla en busca de un medio de vida mejor. Su integración al mundo hispano de Nueva York, su vínculo conjugal con una mujer de origen puertorriqueño, su personalidad social, las formas de expresión adquiridas mediante las lecturas y el choque con un nuevo medio cultural, no le alejaron de su raíz patriótica (*La vida real* 14).

En este comentario se encierra no sólo el objetivo del autor sino también de la literatura testimonial como género; específicamente, el rescate del olvido de personalidades liminares con el propósito de inscribir sus experiencias en la totalidad de la historia nacional. La intimidad del hombre con su propio yo, la soledad de los despojados que tan cabalmente se expresara en el discurso de Montejo, encuentran su eco en el testimonio de Mesa en *La vida real*. Desde su infancia en la pobreza de un pueblecito cercano al batey de un ingenio oriental cubano, Julián guía al lector a lo largo de una juventud marcada por penosos trabajos y sueños desfraudados. La memoria de Julián de las intolerancias raciales y sociales, de épocas en que la inestabilidad económica y política se convierte en una pesadilla intolerable, se presenta al lector de una manera harto contemporánea, al encontrarse éste en su apartamento del barrio de Chelsea de la ciudad de Nueva York, donde ha pasado ya más de tres décadas sufriendo la discriminación social y racial, más la angustia adicional de los desterrados.

Con la novela *Cimarrón* concuerda el propio Barnet que "se han llenado algunas lagunas en la historiografía cubana y también en la novela, puesto que *Cimarrón* relata aspectos, diríamos, íntimos de la vida durante la esclavitud que no había sido recogidos anteriormente" (Bejel 41). Llenar los vacíos de la historia cubana y, de esta manera, contribuir al entendimiento de la identidad nacional, es la intención novelística que se reitera en la obra narrativa de Barnet. Esta imperativa responde a la necesidad de indagar sobre lo que constituye la realidad *cubana*. Jorge Narváez señala que la literatura testimonial aspira a la reconstrucción de la realidad histórica, haciendo hincapié en que el testimonio "es un género para sí transformador de la realidad, con una fuerza apelativa superior a la de otras obras de arte, que opera en sus mejores casos desde una perspectiva global transformadora de la sociedad y de los procesos históricos" (240). El texto barnetiano intenta tal transformación al entablar un diálogo con el lector basado en el interés en conocer el pasado común. En torno a la dialéctica del autor/lector, concluye Alessandra Riccio que el autor del testimonio al igual que su lector "sienten uno el deber de testimoniar y el otro la necesidad de conocer a través de aquel testimonio su propia realidad, es decir, de conocerse como individuos y como parte de una nacionalidad. Esto le da a la literatura cubana, desde siempre, una fuerte densidad testimonial..." (1059).

La reconstrucción de la realidad histórica, insisten los escritores del testimonio, no corre a cargo del escritor, quien se ve relegado a mero *ordenador* del discurso sino que está en manos del constructor de la historia, es decir del narrador-informante. Elzbieta Sklodowska explica que "el discurso inicial sobre las circunstancias y el objetivo de la creación del texto está, en el caso de la novela testimonial, a cargo del «gestor» del testimonio," el cual ha utilizado un «discurso autobiográfico mediatizado»" ("Miguel Barnet" 1071). Sin embargo, la tarea del escritor difícilmente puede encontrarse tan desasociada de la construcción de su historia. De ahí que el grado de *mediatización* empleada resulte de importancia clave en el caso de una novela como *La vida real*, en la cual la elección del narrador no se presenta como un hecho puramente casual o accidental. El desdoblamiento del autor en *presentador* por un lado, y por otro en *narrador*, como ocurre en *La vida real* (e igualmente en la *Biografía de un cimarrón*), pone de relieve las posibilidades de conflicto en las intenciones de los dos constructores del texto. Mientras que para el *narrador* "el destinatario de su «confesión» es el «editor,» éste, a su vez, se propone dirigir el texto a un círculo más amplio de lectores, con el objetivo de testimoniar y reivindicar" ("Miguel Barnet" 1071).

El objetivo del autor, parece obvio, quedaría superpuesto a cualquier intención autorial a que pretendiera el narrador, ya que la función del autor como recopilador y recreador de las múltiples narraciones y anécdotas, que son productos de la memoria e imaginación de su informante, resulta ser más bien una tarea de editorialización. ¿Hasta qué punto puede, efectivamente, separarse el autor de su informante? ¿Acaso el escritor del testimonio, al pedirle al lector que confíe en la veracidad de su relación puede de igual manera garantizar la fidelidad de la memoria de su narrador? ¿Qué separa la relación de la novela testimonial de la distorsión de las crónicas coloniales? Esta cuestión de autoridad dista de ser un problema genérico a la novela testimonial. Explica Roberto González Echevarría en referencia a *Cimarrón:*

> Barnet wants to convert, to become another, to write from within a memory that will be inconsolable; a memory that will finally give meaning, sense to the past by aligning it in significant fashion with the present, a memory that will not be consoled by the ambiguities of language and literature. That other from whom he wants to write is Montejo, who is in turn a tangible, irreducible link with history, the living word of history, the missing link of memory, a real Atlas who bears the present on his back (260-61).

Gónzalez Echevarría concluye enfatizando que tal separación no es más que una ilusión y descarta que entre el autor y el narrador puedan existir dos entidades divergentes:

> Esteban Montejo's ironic wisdom ultimately betrays Miguel Barnet. If the author wished to leap into immediacy through the figure of Montejo, Montejo offered him, from the other side of the mirror, the same perspective. Like Melquíades in *Cien años de soledad,* Montejo turns out to be the author of the book, but as such, he is led to assume all the perplexities of his position. The true symbiosis of Barnet and Montejo occurs not when one becomes the other, but when both turn out to have been the same all along, when the difference between them is discovered to be the conventional distinction necessary for the constitution of the text. The figures of Montejo and Barnet re-enact the original novelistic dialogue between Dante and Vergil, Celestina and Calixto, Lazarillo and Vuestra Merced (261).

La novela testimonial, así pues, en la dialéctica entre narrador/autor, se descubre como otra ficcionalización de la realidad histórica. Su intención científica tiene que considerarse en relación a los hechos, distorsionados por la memoria distante, que describen las otras voces del texto. La relación que observamos entre Barnet y Julián revela esta simbiosis tradicional entre narrador/autor. Sobre la fidelidad de sus recuerdos de la patria lejana dice el mismo Julián, al tanto de la importancia de la veracidad de su discurso: "La memoria, me imagino yo, debe ser parte de la imaginación. Y en el tiempo y la distancia las cosas se van quedando, *aunque sea distorsionadas*" (48, énfasis mío). No cabe duda de que la voz autorial y la voz narrativa se funden en este comentario.

Sobre la función de la memoria en la ficcionalización del testimonio en el *Cimarrón* explica William Luis:

> the narration is no longer a reproduction of the past but represents a collapse of historical time in which the present and the past are fused. The repetitions present in the narration, which include the thematic coincidences during slavery, abolition, and the War of Independece, are not caused neccessarily by historical cycles but by Montejo's ability to recollect certain events which are of personal interest to him (205).

La intromisión del presente en la memoria del pasado se presenta en *La vida real* de diversas maneras. La más obvia de todas es la corrupción lingüística que ocurre en la narración de Julián, ya sea en el empleo de términos del idioma inglés para describir ciertos detalles de sus recuerdos juveniles ["Felipe Luna... había estado en el negocio cirquero siempre y él mismo era *all around*" (69)], o de giros propios del español puertorriqueño ["*Revolú* grande, como dicen aquí los boricuas, se formó cuando llegó a Cuba la Platanito" (166)], aprendidos unos treinta años posteriores a los hechos que describen. En otras ocasiones, el empleo de un lenguaje científico, que obviamente él no podría haber conocido como niño pobre y analfabeto ["En el campo era muy socorrida la lombriz solitaria, la tenia saginata, como se llama en lenguaje científico" (30)] revela el proceso de editorialización, es decir, la manipulación lingüística de Barnet detrás de las memorias de Julián.

El que Julián hubiera podido llegar a ser escritor de haber tenido las oportunidades necesarias es un tema que se reitera en la novela por medio de las alusiones a sus dotes narrativas como narrador. El conocimiento de la vida del campo que tiene le proviene de las conversaciones que oía en casa, puesto que el entretenimiento durante las larguísimas, lúgubres y aburridas noches del campo cubano era la conversación, el contar cuentos fantásticos, basados en la mitología de los pobres y en las historias de visiones de la abuela curandera. Julián admite esta influencia: "Era buen escuchador. Los cuentos que se hacían en mi casa me los sabía todos y los del campo de caña, lo mismo. Historias fantásticas que después el guajiro canta en décimas y en punto" (39). Reconoce también que la exageración era una parte esencial de esta tradición oral: "Por las noches el entretenimiento era contar historias y mentiras. Yo llegaba molido porque la caña quedaba lejos de mi casa... De los cuentos y las mentiras tengo yo un saco en mi memoria..." (41). El narrador reitera esta relación entre la soledad del campo y su impacto distorsionador en la tradición oral: "El campo despierta la imaginación de lo sobrenatural. Por eso el guajiro es tan mentiroso cuando se pone a inventar sus cuentos" (43). De su afición a la lectura años después y de su obvio talento descriptivo, de nuevo da crédito a la experiencia infantil en el campo cubano: "La vida en el campo, aunque fue corta, porque salí con dieciséis años, tuvo de todo. Y es que yo vi mucho, fui muy observador y dado a la contemplación" (50). La influencia de la tradición oral en la formación de Julián traza una trayectoria continua. Después de abandonar su pueblo oriental, al llegar a la capital, los cuentos sobre la vida urbana tienen lugar en la casa de Regla y Petronila, quienes entretienen a Julián y a su mujer Emerlina con historias sobre el espiritismo (110) o sobre "casos" como el de Cutico Flores, homosexual habanero llevado al suicidio por la muerte de su madre y la incomprensión social (112). Ya en Nueva York, Julián se hace cliente asiduo de esa "onu chiquita" que es la barbería del boricua Pipiolo. Allí Julián, de nuevo, se sienta a oir los cuentos de los viejos: "Como yo no tuve escuela, mi afición fue oir a la gente vieja. Así aprendí lo que sé" (222).

    La marginalidad o la liminaridad de los personajes barnetianos cobran un nuevo sentido en *La vida real*, debido a que este narrador es un personaje triplemente marginado: primero, por su condición de guajiro pobre, segundo por ser mulato, y tercero, por encontrarse literalmente "fuera' del margen, es decir, fuera de los confines de la patria, una vez que emigra a los Estados Unidos, donde su condición de liminaridad se exacerba. Esto nos trae a la consideración de su marginación como una forma de exilio, en el sentido de una condición que perfila manifestaciones físicas e igualmente psíquicas. Mientras que las fronteras territoriales por lo general se consideran como la demarcación fundamental, "raramente son éstas las primeras o las determinantes más decisivas del carácter o de los límites de una nación;" ya que existen condiciones físicas que contribuyen a la liminaridad de individuos aún dentro de tales confines y que constituyen lo que se ha denominado metafóricamente "fronteras de otra índole" (Norton 57).[6] La ideología, la historia, la etnicidad, la cultura, las organizaciones sociales y económicas, no sólo el territorio, son, claramente, "fronteras" o planos sobre los cuales se traza la demarcación de una nación. Estos otros planos equivalen a la condición de exilio en que se encuentran miembros de ciertas clases sociales o étnicas, que aún dentro de las fronteras territoriales se encuentran descentralizados, impotentes en su propia nación, y alienados del resto de sus compatriotas. La selección de Julián como representante del exiliado resalta la existencia de estos aspectos múltiples que contribuyen a la fragmentación de la identidad nacional tanto fuera como dentro de los confines de la patria. La comparación de su estado marginal como pobre y como exiliado se expresa en numerosas ocasiones. En cuanto a la angustia del pobre, comparable a la nostalgia del exiliado, dice: "Al pobre lo

---

[6] La traducción es mía. Explica Anne Norton sobre las fronteras territoriales: "Because this mode of national definition is so widely recognized those who inhabit the hinterlands become the most evident exemplars of ambiguous nationality." Estos personajes liminares, pues, viven literalmente fuera de las fronteras, "betwixt and between adjacent nations. They are most often physically removed from the capital and the centers of political and economic power, thus possessing the relative poverty and impotence characteristic of liminars" (57). Tal sería la condición de los sectores pobres de las naciones subdesarrolladas.

que no se le va en lágrimas, se le va en suspiros, digo yo" (27). En referencia al similar estado de exilio económico del campesinado cubano durante el machadato y al exilio que buscaron en el vecino del Norte estos marginados del centro económico, político y social de su país, exclama Julián: "¿Qué diferencia hay entre aquellas oleadas de guajiros que llegaban a La Habana sin saber leer ni escribir y los hispanos llegados aquí en los años cuarenta? Ninguna. Fue el mismo destino, el mismo perro con diferente collar" (80-81).

A pesar de sentirse culturalmente exiliado, las observaciones de Julián entre el campo cubano y Nueva York o entre La Habana y Nueva York hacen resaltar el paralelo entre ciertos aspectos de la vida en ambos escenarios culturales. Por ejemplo, le divierte la infiltración de la santería en Nueva York: "Me da risa cuando paso por esos establecimientos [neoyorkinos] y pienso en mi casa de campo, mi abuela con su jarrito de lata siempre inventando un remedio nuevo. Todo con yerbas de monte, ni qué decir" (34). El gangsterismo que oprimía a la capital cubana le hace cavilar: "Ese es un recuerdo de La Habana de esos años cuarenta que yo guardo muy vivo. Y a cada rato me viene a la mente, cuando en el Lower East Side me entero de algún crimen..." (103). En otras ocasiones el impacto emocional de algún hecho tiene la virtud de lograr que la distancia entre un lugar y otro se borre por completo. Sobre el suicidio de Chibás comenta Julián: "El tiro que él se dio, en 1951, el Ultimo Aldabonazo, lo sentí yo aquí en Nueva York en carne propia. Tremendo revolú se me formó en la cabeza" (121).

Lo que perdura del testimonio de este exiliado no son los relatos de las dificultades que ha tenido para ganarse la vida sino la angustia ontológica que expresa. Las múltiples referencias a la profunda tristeza y añoranza del exiliado patentizan este sentimiento: "aún no me consuelo de vivir en Nueva York y tener un piso fijo. Mi sueño sería volver a Cuba, morirme allá, y que me echaran tierra cubana arriba.... El cubano no se consuela con su recuerdo de Cuba. No conozco uno que no quiera volver, aunque sea a visitar su pueblo natal" (81). En contraste con inmigrantes que se asimilan a la patria adoptiva, Julián observa que el cubano "es un inmigrante muy inconforme, diría yo. No se olvida de su tierra.... Yo a veces hablo de Cuba y es como si estuviera allá, no sé, me siento en mi ambiente con los cubanos" (237). Este sentimiento de aislamiento, soledad y tristeza, aporta al libro una resonancia muy familiar. Sobre el tema de la añoranza de la patria y de la lejanía de su suelo natal que siente el poeta como una brecha espiritual, comenta Cintio Vitier en torno a la obra del poeta cubano José María de Heredia (1803- 1839):

> Lo cubano, en una de sus dimensiones esenciales, se manifiesta siempre como lejanía. No deja de ser significativo el hecho de que la primera iluminación lírica de Cuba se verifique desde el destierro. Lo que no pueden configurar las enumeraciones exhaustivas de la flora y la fauna (la imagen de la patria), lo da un suspiro y una visión nostálgica. Heredia hace que la isla (la «dorada isla de Cuba o Fernandina») se convierta en patria, pero no simplemente como tierra natal, sino en patria que brilla distante, lejana, quizás inalcanzable (88).

Heredia sufrió el destierro en Nueva York, ciudad a la que se escapa a la edad de veinte años en 1823. Las "horas de amargura y sufrimiento" del poeta palpitan en los relatos de Julián sobre la vida en los Estados Unidos.[7] La "naturaleza espiritualizada, que sutilmente se identifica con un paisaje del alma," como llama Vitier a algunas de las páginas de "En el teocalli de Cholula" y "el nostálgico desamparo del desterrado," que más tarde tendrán su eco en la poesía de Casal, ya se encuentran en la obra temprana de Heredia (74, 78). Es con Heredia que la isla se convierte "en el anhelo" del alma, imagen de "esperanza a la vez que nostalgia; cielo futuro, que no se gozará nunca, a la vez que paraíso perdido" (Vitier 89). Esto tiene su

---

[7] De la experiencia de Heredia comenta Max Henríquez Ureña: "La estación invernal hizo estragos en sus pulmones. El país no le era grato. Le era imposible adaptarse a aquel ambiente, para él exótico. Le entusiasmaba la figura de Washington...; admiraba las instituciones políticas de la nación norteamericana,... pero la vida y las costumbres de los Estados Unidos le arrancaron más de una vez acres comentarios. El idioma inglés, que logró aprender con dificultad, antojábasele 'execrable jerigonza'" (108). Julián menciona el frío y el idioma como dos cosas a las que no ha podido acostumbrarse, a pesar de encontrar otras cosas admirables en el americano.

eco en *La vida real* cuando Julián expresa su nostalgia diciendo que hablar de Cuba es casi como hablar de una persona, "cuando hablamos de ella quienes llevamos afuera un burujón de años, como yo, es como si habláramos de alguien de carne y hueso" (81). Sin embargo, en contraste con Heredia, la memoria de Julián de sus años en el país no es la visión paradisíaca del desterrado, sino lo opuesto. Sus "¡ay!" son siempre dolorosos porque evocan la miseria y la pobreza. La evocación de su niñez crea un retrato amargo, objetivo, pero al mismo tiempo nostálgico del guajiro oriental, ya que recalca las memorias de la pobreza: "Me cayó la calamidad del pobre... Aprendí a leer un poco, yo solo... nadie, lo que se llama nadie, me dio lecciones hasta que llegué a La Habana. Si yo echo mi vista atrás y digo con dolor: ¡Ay, Cuba!" (27-28).[8] Su narración está marcada por la resignación de los que han aceptado su destino: "Hay quien nace con un camino trazado en la vida y quien, como yo, va a donde el viento lo lleve. Lo mío ha sido un ir y venir.... Me tocó lo que me tocó, y a pecho" (19).

El mismo nombre de Julián y el tono nostálgico pero a la vez amargo con que recuerda a Cuba establece resonancias en el texto con otras dos figuras cumbres de la lírica cubana del siglo pasado. Primero con el precursor modernista Julián del Casal (1863-1893), y segundo con el poeta, patriota y mártir José Julián Martí (1853-1895). Mesa comparte con Casal la angustia existencial, el aislamiento y la alienación ante la vida. Ambos ejemplifican la tristeza de los marginados, de los hombres que no se adaptan con facilidad. El

---

[8] Tal memoria contrasta con la actual producción de escritores en el exilio, cuya visión se distingue por la idealización de la niñez lejana, inocente e inolvidable. "One could say," dice Eliana Rivero de los autores del exilio, "that their literary discourse is aligned with nostalgia, and that their world vision either ignores or rejects the conditions of margination from the mainstream under which the other Hispanic Native groups operate." En contraste, la literatura de la generación de cubano-americanos jóvenes, nacidos en Cuba pero más asimilados a la cultura norteamericana "exhibit a consciousness of change." Esta literatura se distingue por el uso de ambos idiomas, que según Rivero, "captures [a] sense of hybridism, or even alienation, with respect to the predominant Anglo culture" (165-66, 168).

exilio de Casal es un exilio interior, que poco tiene que ver con su estancia permanente en la isla de Cuba. Él siente su soledad como una condición inescapable, según expresa en el poema "El mar" cuando dice: "¿Qué me importa vivir en tierra extraña/o en la patria infeliz en que he nacido, si en cualquier parte he de encontrarme solo?" (Monner Sans 142). Este sentimiento tiene su eco en *La vida real* al hacer Julián referencia al hastío que siente: "Cada hombre es un mundo. Nadie sabe de veras cómo sienten los demás. Una gota de agua no se parece a la otra, un hombre tampoco se parece al otro. En este país he aprendido muchas cosas, pero la más verdadera es que no hay casa en tierra ajena" (297).

Con estas palabras de Martí, se establece la conección histórica y literaria más importante del texto. En la trágica nostalgia que expresa el narrador y en la simplicidad de su lenguaje, en el cual observamos momentos de gran liricismo, se practica una reescritura de la obra martiana. El amor de Martí por la patria lejana es evidente en las páginas de *Gente cubana, Los clubs de emigrados, El alma cubana* y otros, así como la tristeza de la lejanía expresada en *Flores del destierro*. Toda esta tradición de literatura del exilio, así como el derroche de imágenes ciudadanas que Martí recopila en sus *Escenas norteamericanas*, escritas durante su estancia neoyorkina, palpita por detrás de las descripciones de Julián de la gran ciudad, de sus clubes y sociedades. La estancia de Martí en Nueva York aparece como referencia específica en la novela, tanto como el papel activo que desempeñaron los exiliados durante las guerras de independencia y la Revolución de 1959 (269-75).

Según documenta María A. Salgado, desde las desgarradoras páginas de Casal y Martí hasta la literatura que se produce actualmente en los Estados Unidos, la experiencia de la diáspora cubana tiene su larga y amarga historia.[9] Es una vez que Mesa aborda este

---

[9] La angustia metafísica que experimenta el exiliado es la peculiaridad más saliente de la poesía femenina del exilio cubano. Dice al respecto María A. Salgado que "alienation of self is one of the major themes of the poetry of the women writers of the Cuban Diaspora. The alienation and anguish that permeates their poems is, to a large extent, the result of the trauma of physical and metaphysical exile. These poets are aware that they have

tema, que finalmente Barnet logra establecer el puente informativo que anhela proveerle al lector cubano y con el cual aspira a rellenar los vacíos de la historiografía cubana. La memorable símil de Julián Mesa de la nieve neoyorkina, "que se veía caer por la ventana del sótano" (299) con el "coquito rallado" (300), es una imagen de paz y esperanza, que contrasta radicalmente con los incendios que dan comienzo y cierre a distintos episodios de su vida. Esta comparación da fin a la novela y nos trae a la mente imágenes "mágico-realistas." Bien podríamos leer en esta imagen otra intención de disolver las fronteras, en esta instancia, entre la novelística testimonial de que es ejemplo este texto y la producción del "boom." Es más, esa nieve-frío externo, metáfora que une un objeto presente con algo ausente y lejano, revela la capacidad poética del narrador para expresar el sentimiento de pérdida así como la necesidad de buscar consuelo en algo que logre suprimir su pena. La metáfora nieve-coco creada por Julián Mesa trae a la memoria versos del destierro de otro poeta cubano, Juan Clemente Zenea (1832-1871), en los que, en respuesta a estímulos externos brotan imágenes internas, asociadas al recuerdo de la patria perdida: "Al través de los cristales/morir la tarde contemplo,/y al cantar la golondrina pensando en ti me consuelo" (Vitier 198). La analogía entre el sentimiento de pérdida expresado por el exiliado tiene su paralelo en el sentimiento creado por la ausencia final de la muerte. De ahí se entiende que la elegía haya sido una de las formas preferidas por los poetas del exilio, puesto que se trata de una extensión metafórica "... of the poetic intelligence to the limits of the given or immediate realities around us, or for the attempts of that intelligence to triumph over the polarities of absence and presence" (Guillén 280).

El narrador en sí, tanto como el autor implícito en la obra, tienen muy en mente a su lector. En este caso se trata de dos públicos lectores, cercenados por la experiencia del exilio: un público exiliado literalmente de la isla y esparcido por distintos

---

ceased to be part of Cuban history and that their poems, written in a foreign culture, are no loner part of Cuban literature. They know, that at present, they are only an anomalous curiosity: one among the several marginal and marginated Hispanic groups living and writing in the us" (232).

países del globo (pero ubicado mayormente en los Estados Unidos) y un segundo grupo no menos exiliado por la experiencia del primero, pero geográficamente aún dentro de los confines de la patria. En su libro *Literature and Inner Exile*, Paul Ilie examina las dos caras opuestas del exilio. Ilie hace hincapié en que la separación del individuo de su país natal implica más que la mera ausencia del contacto físico con su tierra y ciudades. Si aceptamos que el exilio, como arguye Ilie, es una condición mental más que material porque separa sectores sociales de su ambiente cultural, entonces la naturaleza de esta separación no puede definirse ni considerarse como una ruptura unilateral, sino como algo más complejo. Es decir, para Ilie el grupo que se exilia, así como el grupo del que se separa el exiliado sufren las mismas condiciones mentales de soledad y separación. Ilie explica esta dualidad:

> I would contend that exile is a state of mind whose emotions and values respond to separation and severance as conditions in themselves. To live apart is to adhere to values that do not partake in the prevailing values; he who perceives this moral difference and who responds to it emotionally lives in exile (2).

De manera que el exilio dentro de las demarcaciones fronterizas ocurre no sólo en un nivel individual, sino que puede darse el caso de poblaciones íntegras que compartan el sentimiento psíquico-moral de la inmigración. Este es el caso, específicamente, de pueblos amargamente divididos por causa del maltrato de dictaduras, y en que sólo un sector de la ciudadanía deseoso de ausentarse ha logrado hacerlo.[10] El sector que se queda en la patria, bajo tales circunstan

---

[10] Para Ilie los motivos de la inmigración carecen de importancia en términos del impacto mental que acarrea el distanciamiento. Con respecto al éxodo de escritores españoles durante los años 50 por razones económicas, que contrasta con el exilio político de intelectuales y artistas anos antes, poco después del triunfo de Franco, Ilie explica: "The difference seems crucial at first glance. The etymology of *exile*, from the Latin *salire*, 'to leap', suggests the aggressive nature of the act: to drive out, to banish, to provoke a jump from one's home or country; and by extension, a person who is expelled by an authority. But how can the economic migratory wave

cias, experimenta el exilio interno, o sea, le invade a este grupo de individuos la misma alienación y angustia del grupo ausente. Al respecto comenta Ilie:

> a bilateral relationship may be said to exist between emigration and the gap it opens in the nation. Absent citizens leave a hollow, but the resident mass aroung the hollow remains, and must respond. A deprivation occurs in both directions, for while the extirpated segment is territorially exiled from the homeland, the resident population is reduced to an inner exile. Each segment is incomplete and absent from the other (3).

No cabe duda de que *La vida real* se dirige a dos grupos de lectores muy particularmente. Por una parte, en su testimonio Julián establece contacto con el lector cubano, le informa sobre las dificultades culturales y lingüísticas de la vida de los inmigrantes, le habla de sus pesares, de su amor por la patria que ha dejado por necesidad económica. Su deseo como narrador es el de explicar la condición del exiliado pobre, de hacerles entender a sus compatriotas que la vida fuera de Cuba no lo ha alejado emocionalmente de ella sino todo lo contrario, con la distancia ha aumentado su cubanía. En resumen, la intención de Julián es la de disolver las fronteras que lo separan del resto de sus compatriotas aún en la isla. Al mismo tiempo, consciente del público lector cubano ubicado en el exterior, su testimonio, innegablemente, también se proyecta hacia estos compatriotas en el exilio. Julián intenta en numerosas ocasiones, a veces adoptando un tono bastante agresivo, de explicar que su testimonio no pretende ser general, y que quizás otros exiliados hayan tenido experiencias más favorables: "No niego que otros cubanos hayan logrado sus sueños. Nueva York es un gallo tapado. Algunos hicieron dinero, sin duda. Bien con un trabajo profesional o con el juego y la droga" (241). Se percibe claramente la

---

be divorced from the conditions of dictatorship that cause it?... both the involuntary and the voluntary departures shared the same orientation toward dictatorhip, although the trauma of exodus in each case varied considerably (7-8).

ansiedad que siente ante la posibilidad de estar contribuyendo con su testimonio a la creación de otros "mitos," es decir, del inmigrante fracasado. Pero, sin embargo, él insiste en presentar la experiencia del exilio como una historia de fracasos y de incapacidad de asimilación, de acuerdo con su propia experiencia: "Me hice mis ilusiones con este país, es cierto, y se fueron a pique, pero, ¿qué otra cosa hubiera podido hacer?" (177). La intención desmitificadora queda planteada en estos términos: "...Y de eso es de lo que yo puedo hablar aquí, no de la mentira, ni de los cuentos que muchos se inventaron, sino de la vida real" (177). Es, desde luego, la realidad personal de Julián Mesa.

Volviendo a la intención autorial expresada por Barnet en la introducción a la novela, importa tener presente que a pesar de que, en efecto, el escritor considera a su informante como "un cubano más dentro de esa masa infinita de emigrantes," no intenta "presentar un cuadro definitivo y totalizador de la emigración cubana de las décadas del cuarenta y del cincuenta" (13-14). Aclara Barnet en el mismo prólogo: "He escogido un personaje vivo entre muchos. Quizás no sea representativo de un fenómeno social tan vasto y abigarrado, pero sí entraña su significado común en términos de destino histórico" (13). La "representatividad" de Julián Mesa, pues, no obedece a factores de carácter estrictamente histórico-políticos sino a la intención personal del autor. Mientras que las tres primeras partes del libro están dedicadas a los recuerdos de la vida del narrador antes del exilio, indudablemente llenos de nostalgia y alterados por los años y la distancia, la última parte, que constituye casi la mitad de la narrativa y que trata de su vida ya en los Estados Unidos, presenta al lector un narrador que no es la imagen de un cubano como tantos. Aunque Julián personifica los conflictos y los problemas de adaptación cultural, además de la angustia y el aislamiento del exiliado, su militancia izquierdista lo distingue considerablemente del gran número de exiliados cubanos y sobre todo lo sitúa, de nuevo, en la dimensión de los marginados, esta vez, a causa de su ideología política.

Julián es el marginado económico, político y cultural, que con su regreso de visita a la patria, al final, espera encontrar el lugar donde pertenece. Sin embargo, los años de exilio y los cambios que la residencia fuera de las fronteras de la patria inevitablemente ejercen en todo individuo, aún en el más solitario, ponen en duda la posibilidad de que Julián se sienta a gusto lejos de Nueva York donde residen su hija y nietos. En efecto, la alienación de Julián se dramatiza en su historia cuando hace referencia a la hija hispana que apenas habla el idioma de su padre, y que está "a mil leguas" de él en espíritu y cultura. "No sé," lamenta Julián, "entre mi hija y yo se ha corrido una cortina" (261). Es esa hija, producto de dos exiliados caribeños, pero que por haber nacido en tierra extranjera exhibe las peculiaridades híbridas de los hispano-americanos, lo que ata a Julián a su piso de Chelsea. Dice de su hija Yara:

> No viviría separado de mi hija. Ella se ha formado aquí, como ya dije, habla el inglés mejor que el español, es americana a pesar de mucha insistencia mía en lo cubano. Pero cuando pelea con su marido, es una cubana de arriba abajo. Se le sale por encima de la ropa. Sin mi hija no podría vivir" (267).

En realidad, Julián Mesa, como muchos inmigrantes, se ha convertido también en un ser híbrido, dividido entre la memoria de la patria y la forma de vida que no ha tenido más remedio que adoptar en el extranjero. Su mismo apego a Nueva York revela este hibridismo, expresado lingüísticamente en el texto a través de términos del inglés que él entreteje en su narración, y con los que divierte al lector. Como Julián, pues, *La vida real*, es un libro que se sitúa entre dos condiciones psíquicas y dos contextos históricos. Se trata de un texto comentado por un exiliado, pero compilado por una voz que sólo conoce el exilio a través de ese testimonio ajeno. Desde esta perspectiva, *La vida real* es un libro que pertenece a la literatura cubana dentro y fuera de la isla, puesto que sirve de puente que enlaza las dos entidades. Esta novela, asímismo, funciona como testimonio de la existencia de la literatura cubana en el exilio. La literatura escrita por exiliados, nos recuerda este texto, como nos recuerdan los de Heredia, Zenea y Martí, ha llegado a formar parte de la construcción de la identidad nacional tanto como de su tradición literaria.

Entre las figuras importantes en la vida de Julián sobresale la abuela curandera, Juana la Callá, así llamada porque, avergonzada de su tartamudeo, se negaba a hablar y sólo se hacía entender "por señas." Los aspectos que este texto calla, es decir, los aspectos importantes de este período histórico que vive Julián pero a los que apenas dedica comentario, hay que encontrarlos "por señas." Julián habla específicamente de la toma de posesión de Batista, "porque ese mismo día, 10 de octubre de 1940," estaba él en la estación del tren, rumbo a La Habana (85), y de la de Carlos Prío Socarrás, el 10 de octubre de 1948, se lamenta de haberla pasado "en medio de una tragedia familiar," o sea, la pérdida del embarazo de Emerlina (128). Resulta interesante que Julián nos ofrece su opinión de estos dos gobiernos que desfraudaron al pobre, sumiéndolo en una situación cada vez más desesperanzada económicamente a pesar de las promesas hechas, pero que sin embargo, debido a que abandona la ciudad de La Habana a principios de la década de los años cincuenta, sólo puede comentar sobre el triunfo de la Revolución desde su lejana residencia en Nueva York. La euforia que sintió en Nueva York en el momento que triunfa la Revolución, y el orgullo y la admiración que siente por los cambios que se implementaron son propios de su condición como exiliado: es decir, la imagen de la Revolución que tiene Julián es una imagen idealizada por la nostalgia de la distancia. Hay una implicación de que la realidad que va a encontrar en Cuba a su regreso, va a ser consistente con la experiencia general que había tenido en el país. Desde el comienzo de la novela Julián ha machacado que existe una relación sobrenatural entre su vida y los incendios: "El fuego me ha seguido las huellas. Y de no haber sido por mi madre no estaría haciendo el cuento ahora: un cuento real, no un cuento de caminos" (19). De las llamas lo salva su madre a los tres meses de nacido, pero el incendio, de hecho, lo sigue persiguiendo. Su padre muere incendiado en un cañaveral; la calamidad del pobre, según él, le cae cuando su palomar coge candela (27), cuando se incendia el tren que lo va a llevar a la capital (84), y finalmente, cuando se convierte en un infierno el cuarto de pensión de su pobre vecina, apropiadamente llamada Cuba, y las llamas también devoran en parte las pertenencias de Julián. En esta última ocasión, Julián se convierte en el héroe del barrio porque consigue apagar la candela, hecho que coincide con su partida de Cuba. Tal suerte se fragmenta durante sus años de vida en Nueva York. No hay mención ninguna de que el fuego lo haya perseguido fuera de Cuba. Por el contrario, es la nieve y el frío lo que se recalca.

De aquí la implicación de que al abandonar esa nieve que cae como coco rallado y regresar al calor del Caribe, Julián va a regresar a las llamas, al infierno que había dejado de seguirle las huellas pero que todavía se encuentra ahí, agazapado, aguardando su retorno.

La ausencia de la figura del exiliado político cubano que llegó a los Estados Unidos a partir de 1959, merece comentario por ser un tema tan notoriamente "callado" en este texto. Julián alude en distintas ocasiones a la triste división política de los puertorriqueños, pero sólo alude a la fragmentación de la identidad cubana a partir de la Revolución en una ocasión, cuando dice de la estatua de Martí en Central Park: "es un riesgo ir [a poner flores]. Las organizaciones contrarrevolucionarias copan el lugar desde por la mañana, se quieren coger a Martí para ellos, y a veces se han formado peloteras grandes, de golpes, palos e insultos personales" (270). El haber elegido la imagen de José Martí, en particular dentro de este contexto de fragmentación ideológica, es significativo. Padre de la patria, la historia y la obra de Martí, forman, irrevocablemente, una parte esencial de la identidad del cubano. Sin embargo, conversamente, Martí es una figura ambigua en el sentido de que representa para unos al apóstol y para otros al revolucionario. Es así que Martí ejemplifica tanto lo que une como lo que divide a la comunidad cubana del exilio. Símbolo de la patria, a veces tan controversial como ésta, Martí simboliza el estado de fragmentación pero de posible unificación de los distintos sectores de la nación cubana. En la desmitificación de la figura martiana se encontraría la clave, la senda común.[11]

---

[11] El mito de la figura de Martí es una controversia de la que no podemos ocuparnos aquí. Es conveniente señalar, sin embargo, que la obra martiana ha sido estudiada de una manera sistemática y objetiva sólo en los últimos años. Se ha intentado descartar los estudios estrictamente biográficos y sentimentales en favor de reexaminaciones de su obra en sí. En particular en lo que toca a su pensamiento político y social, los recientes estudios martianos han cambiado la interpretación general que se tenía de la vida y obra del apóstol. Comenta al respecto John M. Kirk: "(Martí) is now seen as a man deeply committed to the revolutionary struggle, both in his own country and in the other countries of 'Nuestra América,'... with new emphasis being given to the fact that Martí was not simply fighting to

En su afán por ilustrar el pasado cubano por medio del testimonio de personas marginadas, cuyo impacto en la historia ha sido más bien algo personal solamente conectado a hechos de importancia histórica de manera incidental, Barnet ha dejado atrás el pasado más lejano, para concentrarse, en sus dos últimas novelas, en el pasado reciente. De manera que la obra documental de Barnet se ha convertido en un hilo continuo que intenta rescatar del olvido el pasado de los individuos sin voz, y de alguna manera encajar su experiencia en la memoria actual.[12] Es así que el autor incrusta en el presente histórico de Cuba la larga historia de su emigración económica y política, y que sugiere, por medio del testimonio de Julián Mesa, que las dos partes pertenecen a una misma entidad.

La vida real es una revisión histórico-literaria de la experiencia del exiliado, con la intención de documentar y desmitificar la larga historia de los exilios hispanos, no sólo ya cubanos. El intento de unificación que había sido la razón de ser de la novelística nacionalista del siglo diecinueve resurge, en nuestra opinión, en esta novela de Barnet. Ya no se trata solamente de una reunificación de los sectores divergentes de la nación cubana, sino que se aspira a una consolidación de la región caribeña. Julián se casa con una puertorriqueña, lo que da lugar a cavilaciones sobre el carácter y la historia de los boricuas. De su mujer Celia dice Julián que "aunque ella nació aquí, quiere a Cuba como si fuera algo propio, de tanto oírme los cuentos a mí, naturalmente" (237). Sobre semejanzas entre el carácter de los cubanos y los puertorriqueños exclama: "Somos una

---

overthrow the Spanish and win political independence for Cuba but also fighting as an international revolutionary to secure the liberation of his continent, and indeed the world" (115).

[12] Así lo ha reconocido también Fernández Guerra, añadiendo que la contribución de *La vida real* a este *continuum* "incluye aspectos decisivos," tales como los "efectos del machadato en el capítulo 'El campo;' en 'La travesía,' la tensa situación social y laboral entre 1935-1940; la corrupción política generalizada en la vida nacional de la década del 40, que se refleja en 'La ciudad' y, por último, en 'La emigración' se aborda *por primera vez en el ciclo* el impacto en la conciencia cubana de las luchas contra la dictadura de Batista y *la polarización revolucionaria* que el triunfo del primero de enero de 1959 impuso al país" (50). El énfasis es mío.

raza muy parecida, cómo no" (238). La disolución de las fronteras nacionales se expresa en el texto en el siguiente comentario de Julián Mesa con respecto al hispanismo neoyorkino: "Yo siempre recuerdo las palabras de un político boricua en un mitin del Manhattan Center: "América Latina —dijo— comienza en Nueva York." Y es verdad. Las calles latinas de Brooklyn son hormigueros, sobre todo en el Red Hook y en Los Sures" (247-48). El anhelo de este texto barnetiano es la unificación de la diáspora hispana, no ya cubana. De nuevo, la figura de José Martí palpita por detrás de estas observaciones de Mesa.

"Le está naciendo a América, en estos tiempos reales, el hombre real," escribe en "Nuestra América" (1891) el mártir cubano, máxima personificación del intelectual latinoamericano del siglo diecinueve (164). Por una parte, debido a su compromiso político, Martí pertenece a esa generación de escritores que se consideran hoy entre los fundadores de sus naciones respectivas. De manera excepcional, Martí perdura como ejemplo del escritor cuya misión era la de servir como guía espiritual e ideológico al servicio de la Humanidad, según el concepto positivista. En cuanto a las letras cubanas, la obra martiana es el eslabón que les aporta cohesión. Su obra, revolucionaria pero reconciliadora, figura con constancia en toda la producción del siglo XX. Partiendo de las corrientes posmodernistas, la poesía y la prosa martiana se mantiene en vivo en las páginas de José Lezama Lima, hasta la literatura cubana actual. Por otra parte, la obra martiana no fue unificadora de una manera exclusivamente "cubana," sino latinoamericana, puesto que intentó abarcar la realidad de toda América. Martí, como dijera Vitier "no busca separar, independizar, sino para unir, incorporar, en un plano más entrañable" (232). La importancia de la intención ancilar y de la tradición "científica" a que se ve alineada la novela testimonial, es, precisamente, la conección que establece con las novelas de fundación del siglo pasado. Lo que revela la resonancia de la obra de Martí en esta novela de Barnet, no es sólo esa misma intención de unificación de los sectores divergentes sino también la imperativa histórico-literaria de contribuir al conocimiento de nuestra realidad americana. El que quizás, al intentar recrear una realidad ya demasiado lejana para poderla evocar como verdadera historia, y al intentar desmitificar las distorsionadas historias del pasado se construyan otros "mitos," revela que esta literatura como toda otra, al fin y al cabo, no es sino el imperfecto testimonio de la memoria humana.

MARY WASHINGTON COLLEGE

Obras consultadas

Barnet, Miguel. *Gallego*. Madrid: Alianza Editorial, 1981.
——. *La fuente viva*. La Habana: Letras cubanas, 1983.
——. *La vida real*. Madrid: Alfaguara, 1984.
Bejel, Emilio. "Entrevista." *Hispamérica* 10 (1981): 41-52.
Brushwood, John S. *Genteel Barbarism: Experiments in Analysis of Nineteenth-Century Spanish-American Novels*. Lincoln: University of Nebraska Press, 1981.
Fernández Guerra, Ángel Luis. "Edipo y Cayo Graco (Para leer a Miguel Barnet)." *Casa de las Américas* 30 (1990): 45-53.
González Echevarría, Roberto. "*Biografía de un cimarrón* and the Novel of the Cuban Revolution." *Novel. A Forum on Fiction* 13 (1980): 249-63.
Guillén, Claudio. "On the Literature of Exile and Counter-Exile." *Books Abroad* 50 (1972): 271-80.
Henríquez Ureña, Max. *Panorama histórico de la literatura cubana*. Vol. 1. La Habana: Edición Revolucionaria, 1963.
Ilie, Paul. *Literature and Inner Exile*. Baltimore: Johns Hopkins University Press, 1980.
Kirk, John M. *José Martí: Mentor of the Cuban Nation*. Tampa: University Presses of Florida, 1983.
Luis, William. *Literary Bondage: Slavery in Cuban Narrative*. Austin: University of Texas Press, 1990.
Martí, José. "Nuestra América." *José Martí: páginas escogidas*. Vol. 1. La Habana: Editorial de Ciencias Sociales, 1974.
Monner Sans, José María. *Julián del Casal y el modernismo hispanoamericano*. México: El Colegio de México, 1952.
Narváez, Jorge. "El testimonio 1972-1982: transformaciones en el sistema literario." *Testimonio y literatura*. René Jara y Hernán Vidal, Eds. Minneapolis: Institute for the Study of Ideologies and Literature, 1986.
Norton, Anne. *Reflections on Political Identity*. Baltimore: The Johns Hopkins University Press, 1988.
Pastor, Beatriz. *Discursos narrativos de la conquista: mitificación y emergencia*. Hanover, N.H.: Ediciones del Norte, 1988.

Riccio, Alessandra. "Lo testimonial y la novela-testimonio." *Revista iberoamericana*, 152-153 (1990): 1055-68.

Rivero, Eliana S. "(Re)Writing Sugarcane Memories: Cuban Americans and Literature." *Paradise Lost or Gained? The Literature of Hispanic Exile.* Houston: Arte Publico Press, 1990.

Salgado, María A. "Women Poets of the Cuban Diaspora: Exile and the Self." *Paradise Lost or Gained? The Literature of Hispanic Exile.* Houston: Arte Publico Press, 1990.

Sklodowska, Elzbieta. "Miguel Barnet y la novela-testimonio." *Revista iberoamericana*, 152-153 (1990): 1068-78.

———. *Testimonio hispano-americano: historia, teoría y poética.* New York: Peter Lang, 1992.

Simon, W. M. *European Positivism in the Nineteenth Century: An Essay in Intellectual History.* Ithaca, N.Y.: Cornell University Press, 1963.

Sommer, Doris. "Irresistible Romance: The Foundational Fictions of Latin America." *Nation and Narration.* Homi K. Bhabha, Ed. London: Routledge, 1990.

Vitier, Cintio. *Lo cubano en la poesía.* La Habana: Instituto del Libro, 1970.

La narrativa reversible de Julio Cortázar
Clara Román-Odio

Los cuentos recogidos en la colección *Final del juego* (1956) de Julio Cortázar se caracterizan por plantearle al lector la necesidad de oscilar entre proposiciones narrativas antagónicas y mutuamente excluyentes. Es decir, una vez el lector llega a formular la hipótesis o el hallazgo del relato descubre que invertir tal proposición puede ser igualmente válido. La consecuencia inmediata de esta oscilación se refleja en las interpretaciones, muchas veces contradictorias, que estos cuentos han suscitado. En un intento de explicar tales contradicciones buscaré demostrar, primero, que estamos ante una narrativa reversible. Es decir, ante un narrativa que admite volver atrás, a su proposición inicial, aunque, variando algunos elementos, haya originado en su curso una segunda proposición. En segundo lugar, propongo que dicha reversibilidad se constituye en una estrategia narrativa dirigida a forzar al lector a suspender el juicio acerca de las nociones que generalmente lo orientan en la realidad, tales como las del sujeto y el objeto o la de la relación causa-efecto. A la luz de esta perspectiva arguyo pues, que Julio Cortázar se sirve, en *Final del juego*, de la estrategia de la narrativa reversible para hacer una crítica de orden epistemológico que interroga el concepto mismo de "lo real."

De acuerdo con Paul Dixon, la narrativa reversible se caracteriza por ser fundamentalmente ambigua. Esta ambiguedad supone en palabras del crítico: "the 'bothness' of mutually exclusive propositions each given credence by the data presented" (19). Para clarificar su definición Dixon la contrasta lúcidamente con otro tipo de obra ambigua. Me refiero, a lo que Umberto Eco ha llamado "una obra abierta":

> Umberto Eco characterizes open works as works that lack "center of orientation." Although such works have often been called ambiguous, they are not really so according to the present definition, for ambiguity as defined in our study is the product of two or more well-defined centers of orientation, which happen to be in exclusive contradiction, rather than the product of the absence of centers of orientation. (13)

Los cuentos de *Final del juego* ilustran con claridad el concepto de la obra ambigua tal y como la define Dixon. Éstos son relatos estructurados en torno a dos proposiciones mutuamente excluyentes y en esa medida encaminados a establecer la necesidad de una segunda lectura. Como espero demostrar, sin embargo, la lectura retroactiva no revela sino, la imposibilidad de optar por una u otra proposición. El lector se descubre, entonces, reexaminando las categorías que la obra aproxima y confunde estratégicamente; categorías que, si bien en el plano de la reflexión filosófica pueden aprehenderse, en el dominio de la experiencia humana permanecen inagotables. Así pues, el relato se le ofrece al lector como una especie de juego, de rito, de ejercicio espiritual, mediante el cual el lector podría, si aceptase las pautas del mismo, ponerse en contacto con otro lado de la realidad; ese lado ambiguo de la experiencia humana que es irreductible a las categorías del pensamiento racional. Para ejemplificar este planteamientos paso a analizar dos cuentos, "Axolotl" y "La noche boca arriba," los cuales pueden tomarse como paradigmas de la colección.

"Axolotl" abre resumiendo el evento extraordinario que habrá de narrarse: un hombre, de alguna manera extraña, se ha transformado en un axolotl:

> Hubo un tiempo en que yo pensaba mucho en los axolotl. Iba a verlos al acuario del Jardin des Plantes y me quedaba horas mirándolos, observando su inmovilidad, sus oscuros movimientos. Ahora soy un axolotl. (121)

Como lo anticipa este párrafo introductorio, "Axolotl" es un relato en el cual se borran las distinciones entre sujeto y objeto. El lector tendrá que suspender el juicio ante este cruce de fronteras o abandonar la lectura. Presupone, sin embargo, que el cuento responderá al *qué*, al *quién* y al *cómo* del suceso narrado y sale, como es de esperarse, en busca de una explicación. Ya dentro de esta expectativa descubrirá sin mucha dificultad una serie de datos que le permitirán formular la primera proposición del cuento, la cual Antonio Pagés Larraya describe como la experiencia de un hombre que transmigra al cuerpo de un axolotl:

> El primer párrafo es un círculo cerrado, centro del círculo mayor de todo el cuento, y sintetiza una experiencia de transmigración narrada por la conciencia transmigrante que no manifiesta ruptura alguna en la identificación del yo. (467)

En efecto, el cuento ofrece suficientes datos para que se piense que se trata de una obsesión que culmina con la transmigración de la conciencia del sujeto al cuerpo del animal. Por ejemplo, como se hace evidente en los trozos que cito a continuación, el narrador se caracteriza por poseer una personalidad fuertemente obsesiva, lo que en parte explicaría la tesis de la transmigración: "Empecé a ir todas las mañanas, a veces de mañana y tarde" (122); " Sus ojos, sobre todo, me obsesionaban" (125); "Los imaginé conscientes, esclavos de su cuerpo, infinitamente condenados a un silencio abismal, a una reflexión deseperada" (126). De hecho, la obsesión de este personaje es tal que incluso lo lleva a experimentar lo que según él padecen los axolotl en el acuario: "Sufrían, cada fibra de mi cuerpo alcanzaba ese sufrimiento amordazado, esa tortura rígida en el fondo del agua" (128). De modo que, mediante la caracterización de un personaje obsesivo, el relato se abre a una serie de lecturas que incluyen, desde la obsesión de un sujeto que proyecta en los axolotl una conciencia inexistente, hasta la posibilidad de una experiencia de transmigración real.

Otro de los recursos que emplea Cortázar para propiciar lo que sería, dentro de la primera proposición del cuento, el momento del traspaso de la conciencia al cuerpo del axolotl es el de las descripciones humanizantes de los animales. Por ejemplo, desde un principio el narrador ve en los axolotl rostros aztecas: "Que eran mexicanos lo sabía ya por ellos mismos, por sus pequeños rostros rosados aztecas... " (122); igualmente ve en sus patas dedos y uñas minuciosamente humanas: "pero lo que más me obsesionó fueron las patas, de una finura sutilísima, acabadas en menudos dedos, en uñas minuciosamente humanas" (123). Esta humanización del animal, sin lugar a dudas, prepara al lector para admitir en su momento la final identificación entre sujeto y objeto.

Hay que subrayar, sin embargo, que es mediante la manipulación de la persona narrativa que Cortázar logra con mayor efectividad desorientar al lector para entonces ponerle en tela de juicio la disyuntiva del sujeto y el objeto. El primer ejemplo aparece temprano en la narración cuando de manera imprevista el sujeto, que describe el cuerpo de los axolotl, pasa a usar el pronombre mediador "nuestro":

> Vi un cuerpecito rosado y como translúcido (pensé en las estatuillas chinas de cristal lechoso), semejante a un pequeño lagarto de quince centímetros, terminado en una cola de pez de una delicadeza extraordinaria, la parte más sensible de nuestro cuerpo. Por el lomo le corría una aleta transparente que se fusionaba con la cola, pero lo que me obsesionó fueron las patas.... (123, la cursiva es mía)

El uso del "nuestro" elimina por un instante la distancia entre el sujeto que describe y el objeto descrito, lo que confunde casi inadvertidamente las voces del relato. Lo mismo ocurre poco después cuando el sujeto, describiendo las branquias de los axolotl, habla en un mismo párrafo de "él" (el axolotl), de "yo" (el sujeto) y de "nosotros" (los axolotl):

> Y era lo único vivo en *él*, cada diez o quince segundos las ramitas se enderezaban rígidamente y volvían a bajarse. A veces una pata se movía, yo veía los diminutos dedos posándose con suavidad en el musgo. Es que no *nos* gusta movernos mucho, y el acuario es tan mezquino; apenas avanz*amos* un poco nos damos con la cola o la cabeza de otro de *nosotros*; surgen dificultades, peleas, fatiga. (124, la cursiva es mía)

Esta manipulación de los pronombres personales permite que finalmente el sujeto pase su voz a la del axolotl, y que éste, ya en plena posesión de la persona narrativa, anuncie lo que puede considerarse la primera proposición del cuento, la que Antonio Pagés Larraya llamó una experiencia de transmigración:

> Mi cara estaba pegada al vidrio del acuario, mis ojos trataban una vez más de penetrar el misterio de esos ojos de oro sin iris y sin pupila. Veía de muy cerca la cara de un axolotl inmóvil junto al vidrio. Sin transición, sin sorpresa, vi mi cara contra el vidrio, en vez del axolotl vi mi cara contra el vidrio, la vi fuera del acuario, la vi del otro lado del vidrio. Entonces mi cara se apartó y yo comprendí. (128)

Lo que Pagés Larraya no dijo, sin embargo, es que el cuento no termina aquí; que en este punto el relato se abre a una segunda proposición la cual Alfred Mac Adam ha resumido así:

> Lo que pudiera haberse tomado por una complicada mezcla de mentes, una confusión de sujeto y objeto, es en realidad una ficción, el desarrollo de la pregunta: ¿Qué pasaría si...? (464)

En efecto, sigue al momento de la supuesta "transmigración" la puesta en duda de que realmente éste sea el caso. De hecho, el narrador (ahora un axolotl) descarta la posibilidad de haberse transmigrado, con su pensamiento de hombre, al cuerpo del animal para postular que no sólo él, sino también todos los axolotl, piensan como un hombre:

> El horror venía —lo supe en el mismo momento— de creerme prisionero en un cuerpo de axolotl, transmigrado a él con mi pensamiento de hombre, enterrado vivo en un axolotl, condenado a moverme lúcidamente entre criaturas insensibles. Pero aquello cesó cuando una pata vino a rozarme la cara... y supe que él también sabía, sin comunicación posible pero tan claramente. O yo estaba también en él, o todos pensábamos como un hombre, incapaces de expresión. (129)

Este argumento sirve evidentemente para abrir el relato a su segunda proposición que, como Mac Adam arguye, parecería ser la de advertir que: "lo que hemos leído es una ficción, que quizás se basa en una situación real en la que la fantasía del autor ha meditado" (464). Esta nueva proposición se hace explícita en la última línea del relato, en la cual el axolotl anticipa la escritura de un cuento sobre los axolotl:

> Y en esta soledad final, a la que él ya no vuelve, me consuela pensar que acaso va a escribir sobre nosotros, creyendo imaginar un cuento va a escribir todo esto sobre los axolotl. (130)

El final del cuento postula entonces un nuevo comienzo y el lector se ve forzado a volver atrás en busca de aquellos datos traspapelados que justificarían la nueva proposición del cuento. Ya dentro de esta expectativa encuentra, por ejemplo, una descripción que ahora cobra un nuevo significado. Me refiero a aquel trozo en el cual el sujeto se preguntara: "Detrás de esas caras aztecas, inexpresivas y sin embargo de una crueldad implacable, ¿qué imagen esperaba su hora?" (127). La respuesta, dentro del contexto de la nueva proposición, claro está, sería el cuento mismo. Es decir, para infundirle vida a su obsesión, el sujeto se desprende de ella, la proyecta en imagen, o dicho de otro modo, escribe un cuento. Esta lectura explicaría, además, lo que dice el axolotl hacia el final del relato: "Pero los puentes están cortados entre él y yo, porque lo que era su obsesión es ahora un axolotl, ajeno a su vida de hombre" (130). Es decir, la obsesión se ha vuelto texto y en esa medida ha dejado de pertenecer al autor.

Hay que advertir, sin embargo, que si el axolotl anticipa la futura escritura del cuento, lo hace refiriéndose, no al escritor Julio Cortázar sino, al personaje obsesionado con los axolotl. Esta distinción entre autor y narrador debe subrayarse, pues, de lo contrario, la advertencia del axolotl representaría meramente una nueva manera (también fallida) de racionalizar el cuento, o de explicarlo, sino como una experiencia de transmigración, como una fantasía en la que el autor ha meditado. El hecho de que ninguna de las dos proposiciones pueda validarse completamente, me lleva a leer, en las palabras finales del axolotl, una nueva significación. Para ponerla de relieve habrá que leer detenidamente las últimas líneas del cuento, cuando el axolotl dice:

> Ahora soy definitivamente un axolotl, y si pienso como un hombre es sólo porque todo axolotl piensa como un hombre dentro de su imagen de piedra rosa. Me parece que de todo esto alcancé a comunicarle algo en los primeros días, cuando yo era todavía él. Y en esta soledad final, a la que ya él ya no vuelve, me consuela pensar que acaso va escribir sobre nosotros, creyendo imaginar un cuento va a escribir todo esto sobre los axolotl. (130)

El cuento, claro, está aquí (todos lo hemos leído) pero está aquí, me parece, por otra razón, la cual se revela en este trozo como en ninguna parte. Lo primero que en él se plantea es la falacia de la noción de "sujeto," sostenida en gran parte sobre el dictum cartesiano: "pienso, luego soy." Cortázar evidentemente se lo aplica a su axolotl ("si pienso como un hombre es porque todo axolotl piensa como un hombre") para hacer del objeto de su cuento, un sujeto y con ello poner en entre dicho la disyuntiva del sujeto y el objeto, la cual ha venido manipulando desde la apertura misma del cuento. La tentativa de socavar ambas nociones se reitera en la línea que sigue, en la cual el axolotl alude al tiempo en el que era considerado objeto y no sujeto de la historia ("cuando yo era todavía él"). Dentro de esta misma tentativa, cabe entonces arguir que Cortázar se sirve de las palabras finales del axolotl para introducir en el espacio de "lo real" (el del cuento que hemos leído) el espacio de "lo fantástico," es decir, aquél desde el cual el axolotl predice la escritura del cuento. Este cruce de fronteras entre "lo real" y "lo fantástico" obliga al lector a suspender el juicio para cuestionar inevitablemente el concepto mismo de "lo real."

Para resumir entonces, puede concluirse que "Axolotl" es un relato estructurado en torno a dos proposiciones mutuamente excluyentes, en el sentido de que si una rige, la otra no puede regir. Una de ellas propone que el cuento narra una experiencia de trasmigración, la otra, que se trata de una fantasía en la que el autor ha meditado. La imposibilidad de optar, por una u otra lectura, conduce al lector a reflexionar sobre las categorías de "sujeto" y "objeto," las cuales el cuento aproxima y confunde estratégicamente. De esta mezcla de identidades sólo un asunto queda claro. Esto es:

que entre el sujeto y el objeto media una zona vaga de la experiencia humana que permanece irreductible a las categorías del pensamiento racional.

"La noche boca arriba," como "Axolotl," se estructura en torno a dos proposiciones que aparecen en mutuo conflicto. La primera proposición narra, como ha dicho Edelweis Serra:

> ...el accidente de un motociclista común en la calzada, su noche en el hospital... (y) la pesadilla onírica durante esa noche boca arriba en el lecho, que lo transporta a otra noche boca arriba de cautivo sacrificado en aras de los aztecas. (163)

La segunda proposición, por su parte, parecería ser una inversión de la primera en la medida que, como también arguye Serra, al final del cuento:

> ...el accidente de la calzada quedará transformado en sueño, y el sueño convertido en vigilia; o sea, la realidad verdadera será la pesadilla —un hombre apresado en la guerra florida de los aztecas— y lo soñado será lo acontecido al motociclista. (164)

El sueño y la vigilia se constituyen entonces en los dos planos de experiencia que, en este caso, se aproximan y confunden. Es necesario aclarar, sin embargo, que en rigor no se trata, como arguye Serra, de una "realidad verdadera" transformada en "pesadilla," sino que más bien estamos ante lo que parece ser una tentativa de abolir cualquier punto de referencia que nos permita hablar de "lo real." Propongo pues, que Cortázar invierte la proposición que abre el cuento para cuestionar otra de las nociones fundamentales del pensamiento racional, me refiero a la secuencia causa-efecto. Al privar al lector del encadenamiento causal, las proposiciones narrativas terminan entrelazándose inextricablemente, lo que impide que el lector reconozca "una realidad verdadera" desde la cual partir. Para demostrar este planteamiento examinaré los agentes mediadores que desde un principio enlazan las dos proposiciones del cuento y en esa medida niegan que una se constituya en el "origen" o la causa de la otra. Desdibujadas las fronteras entre el sueño y la vigilia, el lector enfrenta la coexistencia, en realidad ambigua, de estos dos planos de experiencia.

El primer agente mediador que encontramos es lo que puede llamarse "zonas verbales neutras," es decir, zonas del relato que sólo pueden identificarse cuando las dos versiones del cuento se consideran simultáneamente. Por ejemplo, el cuento abre con un personaje sin nombre, que se dirige hacia un lugar indefinido:

> ... llegaría con tiempo sobrado *adonde iba*. El sol se filtraba entre los altos edificios del centro, y *él* —porque para sí mismo, para ir pensando, *no tenía nombre*— montó en la máquina saboreando el paseo. (45, la cursiva es mía)

Por el momento, el narrador justifica esta ausencia de identidad explicando que, en este caso, el personaje no la necesita. Una vez leído el cuento, sin embargo, descubrimos que el vacío aquí dejado pasa a llenarse gradualmente con la caracterización mucho más definida del moteca, de quien sí sabemos, por ejemplo, que huye hacia la selva pues le persiguen los aztecas en el tiempo de la guerra florida, que va desnudo de espalda y piernas y que sólo lleva un puñal en mano y un amuleto protector. La misma ausencia de identidad que caracteriza al personaje sin nombre se repite en varias partes del cuento. Por ejemplo, en el trozo que cito a continuación, el narrador se sirve de pronombres indefinidos para describir a uno de los personaje del hospital:

> *Alguien de blanco*, alto y delgado, se le acercó y se puso a mirar la radiografía. Manos de mujer le acomodaron la cabeza, sintió que lo pasaban de una camilla a otra. *El hombre de blanco* se le acercó otra vez, sonriendo, con *algo que le brillaba en la mano* derecha. Le palmeó la mejilla e hizo una seña a alguien parado atrás. (48, la cursiva es mía)

En este caso, la vaguedad crea el espacio verbal necesario para que dentro de esta misma identidad (la de Alguien con algo que brilla en la mano) quepa la identidad, también mucho más definida, del sacerdote sacrificador que aparece al final del cuento:

> ...y cuando abrió los ojos vio *la figura ensangrentada del*

sacrificador que venía hacia él con *el cuchillo de piedra en la mano...* En la mentira infinita de ese sueño también lo habían alzado del suelo, también *alguien se le había acercado con un cuchillo en la mano,* a él boca arriba con los ojos cerrados entre las hogueras. (58, la cursiva es mía)

Otro ejemplo muy ilustrativo de una zona verbal neutra es el de la descripción del tiempo sagrado. Así lo describe el narrador desde la perspectiva del motociclista:

> Entre el choque y el momento en que lo habían levantado del suelo, un desmayo o *lo que fuera* no le dejaba ver nada. Y al mismo tiempo tenía la sensación de que *ese hueco, esa nada, había durado una eternidad. No, ni siquiera tiempo,* más bien *como si en ese hueco él hubiera pasado a través de algo o recorrido distancias inmensas.* (54, la cursiva es mía)

Como se hace evidente en este trozo, el tiempo sagrado no se define aquí sino por la vía negativa, mediante vocablos indefinidos ("lo que fuera," "nada," "hueco," "algo,") los cuales adoptan un cierto sentido únicamente en virtud de la palabra "eternidad" o de la frase "no, ni siquiera tiempo." Esta idea de la "ausencia de tiempo" se completa, sin embargo, en otra parte del cuento cuando, refiriéndose a la situación del moteca, el narrador explica cabalmente el sentido y las implicaciones del tiempo sagrado:

> La guerra florida había empezado con la luna y llevaba ya tres días y tres noches. Si conseguía refugiarse en lo profundo de la selva, abandonando la calzada más allá de la región de las ciénagas, quizás los guerreros no le siguieran el rastro. Pensó en los muchos prisioneros que ya habían hecho. Pero la cantidad no contaba, sino el tiempo sagrado. La caza continuaría hasta que los sacerdotes dieran la señal del regreso. Todo tenía su número y su fin, y él estaba dentro del tiempo sagrado, del otro lado de los cazadores. (52-3)

Los ejemplos citados permiten establecer entonces que la creación de zonas verbales neutras en una de las dos versiones del relato, y de su respectiva caracterización en la otra versión, se constituye en una estrategia narrativa que traba intrincadamente las dos proposiciones del cuento.

Más sencillos, aunque no por ello menos efectivos, resultan otros agentes mediadores tales como, acciones paralelas o consecuentes entre una y otra proposición, o contaminaciones en la caracterización de los personajes y espacios. Recordemos algunos ejemplos. Primero, en ambos lados de la historia el personaje es alzado del suelo boca arriba. Del motociclista cuenta el narrador que: "lo llevaban boca arriba hasta una farmacia próxima" (46); mientras que del moteca dice en la otra versión: "se sintió alzado *siempre boca arriba* tironeado por los cuatro acólitos que lo llevaban por el pasadizo" (56, la cursiva es mía). Asimismo, en ambos casos el personaje se lastima el brazo derecho. El motociclista —cuenta el narrador— grita cuando lo alzan del suelo "porque no podía soportar la presión en el brazo derecho" (46). Paralelamente el moteca, diez páginas después, se lastima el mismo brazo: "Su brazo derecho, el más fuerte, tiraba hasta que el dolor se hizo intolerable y tuvo que ceder" (56). Acciones paralelas como las citadas sirven para entablar los primeros puentes entre el relato del motociclista y el del moteca, dos relatos en apariencia distintos.

Además de acciones paralelas, es frecuente encontrar de un lado del cuento una acción que parecería ser consecuencia de la otra que procede del otro lado de la narración. Esta relación causal se establece, por ejemplo, entre la carrera del moteca que huye y la sed que experimenta el motociclista en el segmento siguiente del cuento. De la situación del moteca dice el narrador:

> ...tenía que huir de los aztecas que andaban a caza de hombre, y su única probabilidad era la de esconderse en lo más denso de la selva, cuidando de no apartarse de la estrecha calzada, que sólo ellos, los motecas, conocían. (48-9)

Y del motociclista, poco después, comenta: "Sintió sed, como si hubiera estado corriendo kilómetros" (50). Cuando las dos versiones del relato se consideran simultáneamente, el lector descubre que la sed del motociclista responde, no sólo a la fiebre (como atestigua uno de los enfermos) sino también, a la tentativa de Cortázar de establecer acciones consecuentes que conecten las dos proposiciones del cuento. Por eso el narrador se sirve del símil de la carrera (que de hecho acaba de ocurrir del otro lado de la narración) para describir la sed del personaje. Por eso también, abre el segmento que sigue con la escena del indio corriendo: "Comprendía que estaba corriendo en plena oscuridad" (51). La idea aquí sugerida de establecer una relación causal aún entre acciones aparentemente erráticas revela la trabazón que Cortázar busca establecer entre los dos eventos narrados.

Otro agente que media entre las dos versiones de "La noche boca arriba" es el de la contaminación en la caracterización de los personajes. Para ilustrar dicha contaminación hay que recordar que, en un principio, el hombre de la ciudad opera dentro de una lógica más o menos ordinaria que se expresa, por ejemplo, cuando por boca del narrador busca explicar y en cierto modo resolver el evento del accidente: "Se sentía bien, era un accidente, mala suerte; unas semanas quieto y nada más" (47). Esta lógica, sin embargo, va a ser desplazada por la mentalidad primitiva del moteca. Ello explica, por ejemplo, que el hombre de la ciudad no reconozca el suero que se le aplica en el hospital, el cual describe como: "una gruesa aguja conectada con un tubo que subía hasta un frasco lleno de líquido opalino" (50); o que un poco más adelante, vea la lámpara del cuarto del hospital como un ojo protector: "Una lámpara violeta velaba en lo alto de la pared del fondo como un ojo protector" (53). Esta mentalidad primitiva termina apoderándose del cuento de manera que, lo que habíamos considerado "real" (la ciudad y sus objetos) se transforma, por un efecto de extrañamiento, en una visión onírica:

> ...el sueño maravilloso había sido el otro, absurdo como todos los sueños; un sueño en el que había andado por extrañas avenidas de una ciudad asombrosa, con luces verdes y rojas que ardían sin llama ni humo, con un enorme insecto de metal que zumbaba bajo las piernas. En la mentira infinita de ese sueño también lo habían alzado del suelo, también alguien se le había acercado con un cuchillo en la mano, a él tendido boca arriba, a él boca arriba con los ojos cerrados entre las hogueras. (59)

Así pues, en el párrafo final de "La noche boca arriba" el lector enfrenta la imposibilidad de distinguir el sueño de la vigilia y, por ende, de deslindar "lo real" de "lo fantástico." Esta imposibilidad se origina en el hecho de que la secuencia causa-efecto que en un principio orientó la narración (es decir, el accidente del motociclista y su consecuente pesadilla) es burlada hacia el final del cuento, en la medida en que parece invertirse. El lector se ve forzado entonces a volver atrás en busca de nuevas coordenadas que orienten su lectura. Como queda demostrado, sin embargo, la lectura retroactiva no le revelará sino dos relatos que han sido cuidadosamente barajados; es decir, dos relatos en los cuales se entremezclan, como en un juego de naipes, zonas verbales, acciones y personajes para mostrar, en un mismo plano, la coexistencia de "lo real" y "lo fantástico."

Para resumir, puede entonces concluirse que tanto "Axolotl" como "La noche boca arriba" son relatos estructurados en torno a dos proposiciones narrativas antagónicas y mutuamente excluyentes. Esta oposición fundamental establece la necesidad de un segunda lectura la cual, como queda demostrado, no revela sino la imposibilidad de optar por una u otra proposición. La oscilación que esta misma imposibilidad genera permite entonces establecer que estamos ante una narrativa reversible. Es decir, ante una narrativa que admite volver a atrás, a su proposición inicial, aunque haya originado en su curso una segunda proposición. La reversibilidad de los cuentos se constituye en una estrategia textual que fuerza al lector a suspender el juicio acerca de las categorías que los cuentos aproximan y entremezclan. En "Axolotl" específicamente, la reversibilidad del cuento sirve para borrar, frente al lector, las fronteras entre sujeto y objeto. En el caso de "La noche boca arriba," cumple el propósito de burlar una secuencia causal y con ello mostrar en un mismo plano la coexistencia de "lo real" y "lo fantástico." En síntesis, puede entonces concluirse que, mediante la estrategia de la narrativa reversible, Julio Cortázar hace una crítica de orden epistemológico que interroga el concepto mismo de "lo real."

KENYON COLLEGE

Obras citadas

Cortázar, Julio. *Final del juego*. México: Los presentes, 1956.
Dixon, Paul. *Reversible Reading: Ambiguity in Four Modern Latin American Novels*. Tuscaloosa, Alabama: The Univ. of Alabama Press, 1985.
Mac Adam, Alfred. "La Torre de Dánae." *Revista Iberoamericana* 39.84-85 (1973): 457-469.
Pagés Larraya, Antonio. "Perspectivas de 'Axolotl', cuento de Julio Cortázar." *Homenaje a Julio Cortázar*. Ed. de Giacoman F. Helmy. Madrid: Las Américas, 1972.
Serra, Eldeweis. "El arte del cuento: 'La noche boca arriba.' " *Estudios sobre los cuentos de Cortázar*. Ed. de David Lagmanovich. Barcelona: Hispam, 1975.

Tabula Gratulatoria

Academic Affairs Library, University
of North Carolina at Chapel HIll
Ramón Luis Acevedo
Clementina R. Adams
Florinda Alzaga
Elba Andrade
Judith Hepler Arias
Enrique Baloyra
Cesáreo Bandera
Lucia Binotti and James Riely
Margaret E. Bonds
Theodore E. D. Braun
Donald and Lolita Brockington
Rosa M. Cabrera
Héctor A. Canonge
Rafael Catalá
Cecilia J. Cavanaugh, SSJ
Dino S. Cervigni
Bennett Cole
Julio Cortés and Consuelo Colomer de Cortés
Glynis S. Cowell
Santiago Daydi-Tolson
Frederick A. DeArmas
Wilma Detjens
Nita Matthews Dewberry
Paul Dixon
Pat and Frank Domínguez
John Dowling
Nora Erro-Peralta

Jorge A. Estrada
Ana María Fagundo
Bernard and Alicia Flatow
Howard Michael Fraser
Maria Juana Frasier-Molina
Celia A. Fryer
Orlirio Fuentes
Adriana García
Rosemary Geisdorfer Feal
David T. Gies
Blanca M. Gómez
Stirling Haig
Martha Halsey
William D. Ilgen
Roberta Johnson
Margaret and Joseph Jones
Djelal Kadir
John E. Keller
Carmenza Kline
Tom Lathrop
Rafael Lara Martínez
Ellen Lismore Leeder
Marvin Lewis
María Cristina Mabrey
Jo Ann McNatt
Eunice D. Myers
Candelas Newton
Patricia W. O'Connor
Rosa Perelmuter
Gustavo Pérez Firmat
Janet and Genaro Pérez
Elba Birmingham Pokorny
Monica Rector
Daniel R. Reedy
Raquel Romeu

Pilar G. Sáenz
Michele M. Shaul
Carol Sherman
Mark Smith-Soto
Karen Stolley
José I. Suárez
Byrne and Wilma Tinney
Justo and Leonor Ulloa
Enid Valle
Frederick W. Vogler
Nancy Vogeley
Wake Forest University Library
John C. Wilcox